ABCteam-Bücher erscheinen in folgenden Verlagen:
Aussaat Verlag Neukirchen-Vluyn
R. Brockhaus Verlag Wuppertal und Zürich
Brunnen Verlag Gießen und Basel
Christliches Verlagshaus Stuttgart
Oncken Verlag Wuppertal und Kassel

Abdrucke siehe Quellenangaben
Redaktion: Ralf Tibusek
Umschlaggestaltung: Ralf Simon
Herstellung: Ebner Ulm
ISBN 3-7655-1622-8

Inhalt

Scharfe Zunge, spitze Feder: C.S. Lewis, Malcolm Muggeridge und Dorothy L. Sayers

Die »angenehmsten Bücher« seien die, meint der Münsteraner Philosoph Josef Pieper, »welche den Leser weder ignorieren noch bluffen, bei deren Lektüre er sich vielmehr fühlen darf als Partner eines ruhigen Gesprächs unter Gentlemen.«

Diesen frommen literaturkritischen Wunsch sieht er bei dem britischen Autor C.S. Lewis par excellence erfüllt.

Der weltweit wohl meistgelesene christliche Autor des 20. Jahrhunderts fasziniert ein viele Millionen Köpfe zählendes Lesepublikum, wenn er in typisch britischer Art mit der Sprache jongliert. Dabei mutet er seinen Lesern allerhand Wechselbäder zu. Als guter Autor im besten Sinne des Wortes hat er ein sonst selten erreichtes, vielfältiges Werk geschaffen.

Kinderbuch und literaturhistorisches Werk, theologisches Essay und Science fiction stehen einander genauso gegenüber wie die vom fleißigen Lektor abgetippten Rundfunksendungen oder der klassische Roman. Nicht vergessen darf man natürlich die Autobiographie »Überrascht von Freude« oder seine satirische Schrift »Dienstanweisungen an einen Unterteufel« – im deutschsprachigen Raum übrigens sein meistverbreitetes Buch mit mehr als fünfundzwanzig Auflagen, dichtgefolgt von seiner

Sammlung mit Rundfunkansprachen: »Pardon, ich bin Christ.«

Während C.S. Lewis (* 29. November 1898, † 22. November 1963) als der »große Apologet«, der scharfzüngige Verteidiger des christlichen Glaubens gilt, muß man den englischen Journalisten MALCOLM MUGGERIDGE als einen »Suchenden«beschreiben. Der ehemalige Herausgeber der berühmten Satire-Zeitschrift »Punch«, jahrzehntelang ein krasser Verfechter der These, es gäbe keinen Gott, kommt eines Tages über der Auseinandersetzung mit dem christlichen Glauben zu ganz neuen Erkenntnissen: »Mich hat nie nach einem Gott verlangt; ich habe von mir aus niemals einen Gott gefürchtet oder mich vor die Notwendigkeit gestellt gesehen, einen Gott zu erfinden. Dennoch sehe ich mich leider zu dem Schluß veranlaßt, daß Gott von sich aus nach mir verlangt. Gott ist mir auf den Fersen ...«

Als sogenannter »Spätberufener« ist Muggeridge beeinflußt von zahlreichen Vorstellungen, die ihn geprägt haben, bevor er Gottes heißen Atem im Nacken spürte. Darum hat er, wie er selbst sagt, viele Dinge noch nicht zu Ende gedacht. Aber seine Fragen, seine Sprache, seine Herangehensweise an den Kern des christlichen Glaubens ist von so ganz anderer Art, daß man ihn mit Fug und Recht als einen wichtigen und kreativen christlichen Denker unseres Jahrhunderts bezeichnen kann.

Zu diesen kreativen Denkern kann man sicherlich auch DOROTHY L. SAYERS zählen. Die britische Schriftstellerin – übrigens eine der ersten Absolventinnen der Universität Oxford – begann ihre Karriere mit religiösen Gedichten. Doch auch als sie das Genre wechselte und Kriminalromane verfaßte, schrieb sie die aus ihrer christlichen Grundeinstellung von Schuld und Sühne heraus. Bereits in ihrem Erstlingswerk »Ein Toter zu wenig« erfand sie die Figur des eleganten, finanziell unabhängigen und vor allem scharfsinnigen Amateurdetektivs Lord Peter Wimsey, der aus moralischen Motiven heraus sich an die Verbrechensaufklärung macht. Ihre über zwanzig Romane, die sich durch eine meisterhafte psychologische Gestaltung, eine Fülle von bestechenden Charakterstudien und eine ethische Grundhaltung auszeichnen, sind in die Literaturgeschichte eingegangen. In den letzten gut zwanzig Jahren ihres Lebens (* 13. Juni 1893, † 17. Dezember 1957) schrieb Dorothy L. Sayers zahlreiche theologische Essays, religiöse Versdramen und die überaus erfolgreiche Szenenfolge aus dem Leben Jesu: »Zum König geboten.« Zahlreiche europäische Theologen setzten sich mit der oft nur einseitig als »Krimiautorin« bezeichneten Denkerin auseinander und führten eine hochbrisante theologische Korrespondenz mit dieser vielfältigen britischen Schriftstellerin.

Die große Gemeinsamkeit von C.S. Lewis, Malcolm Muggeridge und Dorothy L. Sayers ist sicherlich ihre völlige Unabhängigkeit im Denken. Alle drei sind keinerlei theologischen Schulen, christlichen Kirchen oder überkommenen religiösen Denkstrukturen verhaftet. Alle drei versuchen auf ihre Weise, dem Gott der Bibel zu begegnen und die großen Fragen des Lebens ganz neu zu beantworten.

Ralf Tibusek

C.S. Lewis
MENSCH ODER KANINCHEN

Kann man nicht auch ein guter Mensch sein, ohne daß man Christ ist? Das ist die Frage, über die ich zu schreiben beauftragt bin. Doch ehe ich versuche, darauf zu antworten, muß ich etwas vorwegnehmen. Die Frage klingt, als wäre sie von jemandem gestellt worden, der zu sich selbst sagte: »Es ist mir gleichgültig, ob das Christentum wahr ist oder nicht. Was soll ich mir darüber den Kopf zerbrechen, ob es besser ist als andere Weltanschauungen. Aber eines möchte ich wissen: Wie kann ich ein guter Mensch sein? Mein Glaube muß nicht unbedingt wahr sein; aber ich stelle mir vor, er könnte mir nützlich sein – darum beschäftige ich mich mit dieser Frage.«

Offen gestanden: Es fällt mir schwer, für eine solche Haltung Sympathie aufzubringen. Eine der Eigenschaften, durch die sich der Mensch von den Tieren unterscheidet, ist doch seine Wißbegierde: Er will den Dingen auf den Grund kommen, er will die Wirklichkeit erforschen – einfach um der Erkenntnis willen. Ich finde, ein Mensch ist kein Mensch mehr, wenn dieses Verlangen in ihm völlig erloschen ist. Dabei glaube ich nicht etwa, daß irgend jemandem unter Ihnen dieser Wunsch wirklich ganz abhanden gekommen ist. Eher vermute ich, daß alberne Prediger Ihnen die Ohren vollgeschwatzt haben, wie sehr das Christentum Ihnen helfen würde und wie gut es für die menschliche Gesellschaft sei. Und so haben Sie sich zu der Vorstellung verleiten lassen, das Christentum sei ein Patentrezept.

Die christliche Botschaft selbst hingegen erhebt den Anspruch, ein Tatsachenbericht zu sein. Sie will Ihnen über die Wirklichkeit Auskunft geben. Vielleicht sind ihre Aussagen wahr, vielleicht auch nicht. Da Sie nun aber einmal vor diese Frage gestellt sind, muß Ihre natürliche Wißbegierde Sie doch dazu treiben, die Antwort zu suchen. Wenn das Christentum nicht wahr ist, dann wird kein aufrichtiger Mensch daran glauben wollen, auch wenn es noch so nützlich wäre. Ist es aber wahr, dann wird jeder aufrichtige Mensch daran glauben wollen, selbst wenn es ihm überhaupt nichts nützen sollte.

Wenn das klargeworden ist, so folgt daraus gleich ein Zweites: Nehmen wir einmal an, das Christentum ist wirklich wahr; der eine kennt diese Wahrheit, der andere nicht. Dann ist es aber doch ganz und gar unmöglich, daß beide gleich gut ausgerüstet sind, um gute Menschen zu sein. Denn das, was wir über die Wirklichkeit wissen, hat einen Einfluß auf unser Tun. Stellen Sie sich vor, Sie finden einen Verhungernden, und nun wollen Sie sich richtig verhalten. Wenn Sie keine Ahnung von Krankenpflege haben, werden Sie ihm wahrscheinlich eine üppige Mahlzeit vorsetzen – und als Folge davon wird Ihr Patient sterben. Das kommt dabei heraus, wenn wir im Dunkeln tappen.

Ein Christ und ein Nichtchrist möchten vielleicht beide ihren Mitmenschen Gutes tun. Der eine glaubt, daß die Menschen ewig leben, daß sie von Gott erschaffen sind und darum ihrem Wesen nach wahres und bleibendes

Glück nur in der Gemeinschaft mit Gott finden können, daß sie sich jedoch arg verrannt haben, und daß gehorsamer Glaube an Jesus Christus der einzige Weg zurück ist.

Der andere glaubt, daß die Menschheit ein Zufallsprodukt blind waltender Materie ist, daß sie von den Tieren abstammt und eine mehr oder weniger stetige Aufwärtsentwicklung durchgemacht hat, daß der Mensch etwa siebzig Jahre alt wird, daß gute soziale Einrichtungen und politische Organisationen sein Glück voll gewährleisten, und daß alles andere (z.B. Vivisektion, Geburtenkontrolle, Gesetzgebung, Erziehung) einfach als »gut« oder »schlecht« zu taxieren ist, insofern es diese Art von Glück fördert oder hindert.

Natürlich können diese beiden Männer in ihrem Dienst am Mitmenschen über viele Dinge gleicher Meinung sein. Beide werden gewiß eine ausreichende Kanalisation, gute Krankenhäuser und eine gesunde Ernährung gutheißen. Aber früher oder später müssen ihre Glaubensunterschiede auch zu Meinungsunterschieden in praktischen Fragen führen. Vielleicht setzen sich beide leidenschaftlich für das Erziehungswesen ein. Aber ihre Vorstellungen über die Art von Erziehung, die sie den Leuten vermitteln wollen, sind offensichtlich sehr verschieden.

Oder: Zur Beurteilung irgendeines Vorschlags wird der Materialist einfach fragen: »Kann seine Verwirklichung die Mehrheit glücklicher machen?«, während der Christ vielleicht sagen muß: »Selbst wenn die Mehrheit dadurch glücklicher würde, können wir es nicht tun. Es wäre ungerecht.« Und ein großer Unterschied wird sich auf jeden Fall durch all ihre Entscheidungen ziehen: Dem Materialisten müssen Einrichtungen wie Staat, Klasse,

Kultur … wichtiger sein als der einzelne Mensch; denn das Individuum lebt nach seiner Auffassung nur etwa siebzig Jahre, während soziale Gruppierungen Jahrhunderte überdauern können. Dem Christen hingegen ist der einzelne Mensch wichtiger, denn er lebt ewig; Rassen, Zivilisationen und dergleichen sind daneben nur Eintagsfliegen.

Das Weltbild des Christen ist also ganz anders als das des Materialisten. Sie können nicht beide recht haben. Derjenige aber, der unrecht hat, wird in einer Art und Weise handeln, die der Wirklichkeit einfach nicht angepaßt ist. Darum wird sein »Helfen« zur Zerstörung seiner Mitgeschöpfe beitragen, auch wenn er noch so gute Absichten hat.

»Auch wenn er noch so gute Absichten hat …« – dann ist es aber nicht seine Schuld. Und Gott (wenn es ihn überhaupt gibt) wird doch niemanden für Fehler bestrafen, die er aus bloßer Unwissenheit begeht?

Aber: War das Ihr ganzer Kummer? Wollen wir das Risiko eingehen, unser Leben lang im Dunkeln zu tappen und unermeßlichen Schaden anzurichten, wenn wir nur die Versicherung haben, daß wir ungeschoren davonkommen und niemand uns bestrafen oder auch nur tadeln wird? Ich möchte nicht annehmen, daß mein Leser auf dieser Stufe steht. Aber selbst wenn er es täte, müßte ich ihm etwas dazu sagen.

Die Frage, vor die jeder von uns gestellt ist, heißt nicht: »Kann man ein guter Mensch sein, ohne daß man Christ wird?« Sie heißt: »Kann *ich* es?«

Wir wissen alle, daß es gute Menschen gegeben hat, die keine Christen waren; Männer wie Sokrates und Konfuzius, die das Evangelium nie gehört haben, oder Männer wie J.S. Mill, der es einfach nicht glauben konnte. Angenommen, der christliche Glaube wäre wahr, dann lebten diese Männer in echter Unwissenheit oder aufrichtigem Irrtum. Wenn ihre Absichten so gut waren, wie ich annehme (denn natürlich kann ich ihre geheimsten Gedanken nicht lesen), dann hoffe und glaube ich, Gottes erfinderische Gnade wird den Schaden wiedergutmachen, den ihre Unwissenheit, bliebe sie sich selbst überlassen, ihnen und ihren Mitmenschen sonst zugefügt hätte.

Wenn mich aber jemand fragt: »Kann ich nicht ein guter Mensch sein, ohne daß ich Christ bin?«, dann hat er offensichtlich andere Voraussetzungen. Wenn er nichts vom Christentum wüßte, könnte er diese Frage gar nicht stellen. Wenn er davon wüßte und es ernsthaft geprüft und als unwahr verworfen hätte, dann würde er diese Frage auch nicht stellen.

Einer, der so fragen kann, weiß vom Christentum und ist keineswegs sicher, ob es nicht wahr sein könnte. Seine Frage heißt in Wirklichkeit: »Muß ich mich damit herumschlagen, das zu ergründen? Kann ich nicht ausweichen, einfach so tun, als ob, und mir Mühe geben, gut zu sein? Genügt mein guter Wille denn nicht, um mich sicher und rechtschaffen ans Ziel zu bringen, ohne daß ich an diese leidige Tür klopfe, um herauszufinden, ob jemand dahinter ist oder nicht?«

Dieser Mensch verlangt tatsächlich die Erlaubnis, mit seinem »Gutschein« durchs Leben zu kommen, bevor er alles darangesetzt hat zu erfahren, was überhaupt »gut« heißt; diese Antwort sollte genügen. Aber etwas muß dazu noch gesagt sein: Wir müssen gar nicht untersuchen, ob Gott ihn für seine Feigheit und Faulheit bestrafen wird; solche Leute bestrafen sich selbst. Dieser Mann drückt sich. Er versucht absichtlich, nicht zu wissen, ob der christliche Glaube wahr oder unwahr ist, denn er befürchtet unabsehbare Schwierigkeiten, falls er sich als wahr erweist. Dieser Mensch ist wie einer, der absichtlich »vergißt«, einen Blick aufs Anschlagbrett zu werfen, weil er befürchtet, er könnte dort seinen Namen entdecken und irgendeine unangenehme Arbeit verrichten müssen. Er ist wie einer, der sein Bankkonto lieber nicht anschaut, weil er Angst hat zu erfahren, was darauf gebucht ist. Er ist wie einer, der nicht zum Arzt geht, wenn er einen verdächtigen Schmerz zu spüren beginnt, weil er Angst hat vor der ärztlichen Diagnose.

Wer aus solchen Gründen ungläubig bleibt, ist nicht in einem Zustand aufrichtigen Irrtums. Das ist unaufrichtiger Irrtum, und diese Unaufrichtigkeit wird sein ganzes Tun und Denken prägen. Eine gewisse Verschwommenheit seiner Grundsätze, etwas Vages, Unbeständiges in seinem Wesen, eine Abstumpfung seines ganzen Urteilsvermögens werden die Folge davon sein. Er hat seine intellektuelle Keuschheit verloren. Wer Jesus Christus aufrichtig ablehnt, dessen Irrtum wird, wie groß er auch sei, vergeben und geheilt werden: »Wer immer ein Wort gegen den Menschensohn ausspricht, der wird Vergebung finden.«[1] Aber dem Menschensohn ausweichen, wegschauen, vorgeben, man hätte ihn nicht bemerkt, plötzlich von etwas auf der anderen Straßenseite absorbiert sein, den Telefonhörer nicht auflegen, weil *Er* sonst anrufen könnte, gewisse Briefe mit einer fremden Handschrift ungeöffnet lassen, weil sie von *Ihm* kommen

[1] Luk. 12,10.

könnten ... – das ist etwas anderes! Es ist möglich, daß Sie noch nicht sicher wissen, ob Sie Christ werden sollten oder nicht. Aber eines wissen Sie sicher: daß Sie ein Mensch sein sollten und nicht ein Vogel Strauß, der den Kopf in den Sand steckt.

Doch immer noch liegt mir jemand mit dieser erbärmlichen Frage in den Ohren – denn die intellektuelle Redlichkeit ist tief gesunken in unserer Zeit – : »Wird mir das Christentum etwas nützen? Wird es mich glücklich machen? Glauben Sie wirklich, es wäre besser, ich würde Christ?«

Nun gut, wenn es unbedingt sein muß, meine Antwort heißt: »Ja.« Aber ich will im Augenblick eigentlich gar keine Antwort geben. Hier ist eine Tür, und dahinter wartet, wenn manche Leute recht haben, das größte Geheimnis der Welt auf Sie. Entweder ist es wahr, oder es ist nicht wahr. Und wenn es nicht wahr ist, dann ist das, was die Türe tatsächlich verbirgt, schlicht und einfach der größte Schwindel, die ungeheuerlichste Bauernfängerei. Muß es sich da nicht jeder zur Aufgabe machen – jeder, der ein Mensch ist und kein Kaninchen –, herauszufinden, was wahr ist? Muß nicht jeder aufrichtige Mensch seine ganze Kraft dafür einsetzen, entweder diesem überwältigenden Geheimnis zu dienen oder diesen gigantischen Humbug aufzudecken und damit aufzuräumen? Können Sie sich wirklich angesichts einer solchen Frage damit begnügen, sich einzig und allein um Ihr gesegnetes moralisches Weiterkommen zu bekümmern?

Also denn, das Christentum wird Ihnen etwas nützen, sehr viel mehr sogar, als Sie es sich je gewünscht oder erwartet haben. Und die erste Portion Nutzen, die es

Ihnen bringt, wird Ihnen alles andere als angenehm sein: Es wird Ihnen die Tatsache in den Kopf hämmern, daß alles, was Sie bis jetzt »gut« genannt haben – all das Gerede von »ein guter Mensch sein« und »ein anständiges Leben führen« –, nicht ganz so eine großartige und hochwichtige Angelegenheit ist, wie Sie meinten. Es wird Ihnen beibringen, daß Sie in Wirklichkeit aus eigener Kraft gar nicht »gut« sein können, keine vierundzwanzig Stunden lang! Und dann wird es Ihnen aufdämmern lassen, daß Sie, selbst wenn Sie es könnten, noch immer das Ziel verfehlt hätten, auf das hin Sie geschaffen sind.

Nur nach sittlicher Vollkommenheit zu streben, ist kein Lebensziel. Sie sind für etwas völlig anderes gemacht worden. J.S. Mill und Konfuzius wußten einfach nicht, was wirklich Leben ist (Sokrates kam der Wahrheit näher). Die Leute, die bei der Frage stehenbleiben, ob sie nicht auch ohne Christus »gute Menschen« sein könnten, wissen nicht, was Leben ist. Wenn sie es wüßten, so sähen sie auch ein, daß ein «anständiges Leben« eine armselige Maschinerie ist im Vergleich mit dem, wozu wir Menschen wirklich geschaffen sind. Es ist unerläßlich, daß wir uns darum bemühen, gute Menschen zu sein. Aber das Göttliche Leben, das sich uns selbst schenkt und das uns dazu beruft, Götter zu sein, will etwas aus uns machen, von dem unsere eigene Rechtschaffenheit nicht einmal ein Schatten ist.

Wir sollen neu-geschaffen werden. Alles Kaninchenhafte in uns soll verschwinden – das skrupulöse, gewissenhafte, sittlich hochstehende Kaninchen ebenso wie das feige, triebhafte. Wir werden bluten und winseln, wenn wir in ganzen Büscheln unsere Haare lassen müssen.

Unter dem Pelz aber wird etwas zum Vorschein kommen, das wir uns nicht im Traum hätten ausdenken können: ein wirklicher Mensch, ein unsterblicher Gott, ein Gottessohn, stark, strahlend, weise, schön und überfließend vor Freude.

»Wenn das Vollkommene kommt, dann wird das Stückwerk abgetan.«[2] Die Vorstellung, es ohne Christus zu einem Leben als »gute Menschen« zu bringen, gründet sich auf einem doppelten Irrtum. Erstens ist es unmöglich; und zweitens haben wir den eigentlichen Sinn unseres Lebens verfehlt, wenn wir diese Art von Vollkommenheit zu unserem Endziel erheben.

Sittliche Vollkommenheit ist ein Berg, den wir aus eigener Kraft nicht erklimmen können. Und wenn wir es könnten, so würden wir doch im Eis und in der dünnen Luft auf seinem Gipfel umkommen, denn uns fehlen die Flügel, mit denen allein das letzte Wegstück zurückgelegt werden kann. Denn erst hier beginnt der eigentliche Aufstieg. Pickel und Bergseil müssen dazu »abgetan«, zurückgelassen werden. Alles übrige aber ist eine Sache des Fliegens.

[2] 1. Kor. 13,10.

Malcolm Muggeridge
DIE KREUZIGUNG

Eines läßt sich mit Sicherheit über die Kreuzigung Jesu Christi aussagen: es handelt sich dabei um den *berühmtesten Tod* der Geschichte. Kein anderer Tod hat auch nur ein Hundertstel des Interesses hervorgerufen; an keinen Tod erinnert man sich auch nur annähernd so intensiv und mit solcher Anteilnahme wie an den Tod Jesu Christi.

Praktisch alle europäischen Künstler – bedeutende und weniger bedeutende – haben eine Darstellung dieses Vorganges geplant oder ausgeführt, von den frühen Italienern über die Zeitgenossen von Francis Bacon bis zu den Modernen. Ebenso haben die meisten Schriftsteller in ihren Arbeiten von dieser Szene und den damit verknüpften Bildern Gebrauch gemacht, selbst wenn es nur zum Spott oder zum Zweck der Gotteslästerung geschah. Die Filmemacher der Neuen Welle sowie die Impresarios aus Hollywood wenden sich auf der Suche nach bombensicheren Kassenerfolgen diesem Thema zu. Als ich kürzlich mit dem bekannten surrealistischen Maler Graham Sutherland durch jene Berge streifte, von denen aus man auf das Mittelmeer hinausblicken kann, stellte ich fest, daß er ständig Ausschau hielt nach Dornen, als handele es sich um kostbare Juwelen – was in der Tat für ihn ja auch zutrifft, seitdem er so eindrucksvoll die Krone auf dem blutigen Haupt Christi gemalt hat.

Das *Kreuz,* Symbol dieser schrecklichen Hinrichtung, ist so ziemlich überall hingetragen worden, in und außerhalb der Christenheit; kein Ort dieser Welt ist so entlegen oder unzugänglich, als daß man dort nicht ein Kreuz fände. Was Europa betrifft, so kann man in Ländern wie Italien und Frankreich kaum einige hundert Meter weit gehen, ohne in irgendeiner Form mit der Kreuzigung Jesu konfrontiert zu werden.

Seit dem Geschehen auf Golgatha sind Millionen von Kreuzen hergestellt worden, von hervorragend gestalteten bis hin zu völlig wertlosen, nichtssagenden Massenartikeln, von überwältigenden Kalvarienbergen mit Kreuzigungsgruppen und Leidensstationen bis hin zu winzigen, edelsteinbesetzten Kruzifixen, die man am Hals oder über dem Herzen trägt. Sie alle haben dieselben charakteristischen Merkmale: Sie zeigen einen Menschen, der einen extrem grausamen Tod erleidet, mit hängendem Kopf und mit Füßen und Händen, die in widerlicher Weise an ein hölzernes Kreuz genagelt sind.

Theoretisch müßte ein derartiges Symbol deprimierend wirken. Stellt es doch dar, wie das Gute und die fleischgewordene Güte der Falschheit und den Mächtigen unterliegen; als ein schwaches, zerbrochenes Opfer jener Art menschlicher Grausamkeit, an die wir uns – vielleicht mehr als die meisten Generationen vor uns – haben gewöhnen müssen. In Wirklichkeit aber hat dieses Symbol einige der strahlendsten Gestalten der Geschichte inspiriert, wie zum Beispiel den heiligen Franz von Assisi; es hat die Städte Italiens in der Zeit der Renaissance mit einem verschwenderischen Reichtum an Kunstschätzen ausgestattet, denen von Christen und Nichtchristen gleichermaßen Bewunderung gezollt wird; und es hat kühne Denker und Forscher angeregt, dazu beizutragen, daß der Mensch mit Riesenschritten dem Verständnis, der Erkenntnis und der Beherrschung der materiallen Gegebenheiten seiner Welt nähergerückt ist.

Wie unwahrscheinlich wäre den Menschen damals dergleichen vorgekommen! Wer in dem bunten Gemisch der Zuschauer jenes düsteren Geschehens hätte sich vorstellen können, daß dort vor ihren Augen eine neue Kultur geboren wurde, die zweitausend Jahre lang Bestand haben und so lange und so hell strahlen sollte? Nicht einmal die Apostel hätten daran gedacht; sie sahen vielmehr der apokalyptischen Wiederkunft Jesu Christi entgegen und damit dem Ende der Welt, nicht dem Beginn der Epoche des Christentums. Nur Paulus, der erst nach dem Kreuzestod Jesu aus einem Verfolger der Christen zu einem der leidenschaftlichsten und bedeutendsten Anhänger Jesu Christi wurde, hat dies vielleicht ganz vage gespürt.

Ich nähre die geheime Hoffnung, daß eine Art zweite Kreuzigung stattfinden und zu gegebener Zeit jene Finsternis erhellen wird, die im Augenblick so unheimlich schnell über uns hereinbricht, während unsere Zivilisation sich in einem allgemeinen Hedonismus (Lustwahn) auflöst, wobei nicht nur ein Nero, sondern ganze Scharen verrückter Neros LSD und dgl. lutschen und genießerisch Protestsongs plärren. (Wenn so etwas tatsächlich einträte, wüßten wir allerdings nichts davon, denn weder im Fernsehen noch durch die Zeitungen würden wir etwas darüber erfahren.)

Gläubige und orthodoxe Christen verlassen sich wegen der Göttlichkeit jenes Menschen, der damals gekreuzigt wurde, natürlich auf die Dauerwirkung des Appells, die von dieser Kreuzigung über die Jahrhunderte hinweg ausgehe. Gott, sagen sie, wurde von unerlösten Menschen getötet und ist von den Toten auferstanden; wie ein so einmaliges und entscheidendes Ereignis zu allen Zeiten von den Menschen beachtet worden ist, wird es selbstverständlich auch in Zukunft beachtet werden. Ich für mein Teil muß bekennen – und ich vermute, daß das auch für die große Mehrheit der heutigen Erben der christlichen Überlieferung gilt –, daß derartige Gedankengänge für mich weitgehend bedeutungslos sind.

Nur unter größten Schwierigkeiten und nur äußerst vage vermag ich mir eine Gottheit vorzustellen, in deren liebenden Ratschluß ich ebenso wie die ganze Schöpfung unlösbar mit einbezogen bin. In Augenblicken der Erleuchtung kann ich mir vielleicht vorstellen, daß ich in Kontakt zu einer derartigen Gottheit stehe und mich in unaussprechlicher Glückseligkeit in ihren Willen ergebe; die Vorstellung jedoch, diese Gottheit habe in irgendeinem ungewöhnlichen Sinne einen »Sohn«, und dieser Sohn sei von einer Jungfrau geboren, habe dann etwa dreißig Jahre auf Erden als Mensch gelebt, sei schließlich gewaltsam gestorben und von den Toten auferstanden, liegt – zumindest was meine Person betrifft – außerhalb des Bereichs der Glaubwürdigkeit.

Ich gebe zu, daß wir Menschen des zwanzigsten Jahrhunderts durchaus im Stande sind, Dinge zu akzeptieren, die eigentlich ebenso unwahrscheinlich sind wie die Menschwerdung Christi. Gegenüber jedem wissenschaftlichen Neutöner legen wir eine Leichtgläubigkeit an den Tag, die den Neid afrikanischer Medizinmänner erregen muß. Während wir den Schöpfungsbericht im ersten Buch Mose mit Verachtung abtun, sind wir gern bereit, dem leeren Geschwätz gewisser moderner »Kosmologen« über die Entstehung der Materie beizupflichten, vorausgesetzt, daß es uns in entsprechenden Fachausdrücken und gestützt auf sogenannte »Fakten« aufgetischt wird, wie fragwürdig diese auch sein mögen. Vermutlich hat jede Epoche ihre besonderen Hirngespinste. Unser Traumideal heißt Naturwissenschaft. Pascal, der im siebzehnten Jahrhundert lebte, der selbst Mathematiker und ein genialer Gelehrter war, empfand es als ausgesprochen lächerlich, anzunehmen, rationale Gedankengänge und Festlegungen könnten zu endgültigen Schlußfolgerungen über das Leben führen; dagegen erkannte er die Autorität der Heiligen Schrift ohne weiteres an. Uns ergeht es umgekehrt.

Was also bedeutet der Kreuzestod Jesu in einer Epoche wie der unseren? Ich sehe darin in erster Linie eine sublime *Verspottung* aller irdischen Autorität und Gewalt. Die Dornenkrone, der Purpurmantel, der ironisch gemeinte Titel »König der Juden« sollten ursprünglich dazu dienen, den Anspruch Jesu Christi, er sei der Messias, der Lächerlichkeit preiszugeben und zu parodieren; in Wirklichkeit gab man damit eher alle Kronen, alle Purpurmäntel und alle Alleinherrscher, die es je gegeben hat, der Lächerlichkeit und Verachtung preis. Es war ein übler Scherz und – eine Fehlzündung dazu. Mir scheint, niemand, der voll erfaßt hat, was es mit dem Kreuzestod Jesu auf sich hat, kann je wieder irgendein Instrument weltlicher Macht ganz ernst nehmen, wie ehrwürdig, strahlend oder scheinbar furchtbar es sich auch präsentieren mag.

Als der Versucher in der Wüste an Jesus herantrat, wies Jesus das Angebot des Teufels zurück, ihm Macht zu geben über die Reiche dieser Welt (eine Weigerung, die alle jene Menschen ungeheuer irritieren muß, die da glauben, irgendein Entschluß oder »guter Wille« genüge bereits, um das Himmelreich auf Erden zu verwirklichen). Der Kreuzestod machte deutlich, weshalb Jesus sich so entschieden hatte: weil es sich bei dem Angebot des Teufels um ein schwindlerisches Angebot handelte. Der Teufel hat keine Reiche zu verschenken – nur Pseudo- oder imaginäre Reiche, an deren Spitze Marktschreier stehen, die sich als Kaiser, Könige, Regierungen o. dgl. verkleiden.

Schau unter die Krone, dann siehst du die Dornen; zieh das Purpurgewand zur Seite, dann gewahrst du die Nacktheit darunter; prüfe die hochtrabenden Titel genauer, dann erkennst du, daß sie nicht substantieller sind als der respektlose Titel »König der Juden« über dem Kreuz. Zur Zeit Jesu Christi behaupteten die römischen Herrscher, göttlich zu sein, und veranlaßten ihre Untertanen, ihnen göttliche Ehren zu erweisen. Er, ein Mensch, entlarvte die Hohlheit dieses Anspruchs, indem er starb und dadurch in den Augen der auf ihn folgenden Generationen zu jenem Gott wurde, dem die Menschen noch lange, nachdem das römische Weltreich längst aufgehört hatte zu existieren, göttliche Ehren erwiesen.

So gesehen, stellt der Kreuzestod Jesu das genaue Gegenteil zu dem zweitberühmtesten Tode in unserem Kulturkreis dar – das Gegenbild nämlich zum Tode des

Sokrates. Sokrates nahm den Schierlingsbecher und starb in der Überzeugung, damit dem Staat zu dienen und ihn mittelbar zu erhöhen; Christus dagegen starb am Kreuz als ein Hohn auf alle Staaten – handle es sich nun um den römischen, um den jüdischen oder um einen beliebigen anderen Staat.

Der Tod des Sokrates bildet den Ausgangspunkt für alle Pläne zur kollektiven Verbesserung des Zusammenlebens der Menschen; ob hinsichtlich einer Nation, eines Regimes, eines Führers, einer Ideologie, eines bestimmten Gesellschaftssystems oder in Gestalt der Kirche, spielt dabei keine Rolle. Der Tod am Kreuz ist der Ausgangspunkt für die Vorstellung von der Errettung des einzelnen, von der Erlösung einzelner, von der Erlösung einzelner Seelen, die durch das Dasein wandern wie Bunyans Pilger, alle gleich in ihrer Aufnahmewürdigkeit als Kinder Gottes. Insofern ist Christus für alle in gleicher Weise gestorben, und insofern halten sich alle Menschen in der Hoffnung über Wasser, daß sie durch seinen Tod von den Unvollkommenheiten und Unzulänglichkeiten ihrer menschlichen Existenz erlöst werden.

Oft frage ich mich, womit sich das Ereignis auf Golgatha eigentlich *vergleichen* läßt. Die Augenzeugen hielten es keineswegs für so bedeutsam, wie die nachträgliche Beachtung, die dieses Ereignis in so reichem Maße gefunden hat, zu besagen scheint; auf die Geschichte jener Zeit hat der Kreuzestod Jesu überhaupt nicht eingewirkt. Um das zu verstehen, denke man an einen in administrativer Hinsicht vergleichbaren Vorfall in einem der entlegeneren Gebiete des ehemaligen großräumigen British Empire – zum Beispiel an jene Hinrichtung in Burma, bei der der Romancier George Orwell als junger Polizeioffizier zugegen war. (Er hat sie später sehr mitfühlend und einfühlsam geschildert.)

Ich kann mich noch gut an die wohlwollend-geringschätzige Haltung erinnern, die das britische Militär in Indien zur Zeit der britischen Herrschaft gegenüber dem religiösen Fanatismus der Hindus und der Moslems an den Tag legte. Ganz ähnlich verhielten sich vermutlich die römischen Soldaten in Palästina gegenüber dem religiösen Fanatismus der Juden. Ich bezweifle, daß Jesus Christus überhaupt einen besonderen Eindruck auf sie gemacht hat; in ihren Augen war er lediglich irgendein Nichtrömer, der gekreuzigt werden sollte. Man kann sich die Unterhaltung in der Unteroffiziersmesse an jenem Abend vorstellen, bei der ein alter Praktikus einem etwas zimperlichen Neuling, der soeben erst aus Rom eingetroffen war, klarmacht, daß man den Juden bestimmt und abweisend entgegentreten müsse; wenn man ihnen auch nur den kleinen Finger reiche, würden sie gleich die ganze Hand ergreifen. Genau so hörte ich es Wort für Wort vor vierzig Jahren in den Clubs im Landesinnern von Indien.

Aus irgendeinem Grunde stehen vor meinen Augen stets Vertreter römischer Truppen, wenn ich an Golgatha denke. Ihre kleine Gruppe hebt sich vor dem Horizont als Ring um das Kreuz ab; sie tragen alle einen Brustpanzer und die Toga. Es sind nicht besonders hochwertige Truppen dort an jenem unbeliebten Standort. Nonchalant schauen sie zu; sie sollen sich nicht einmischen, jedoch Gewähr leisten, daß etwa auftretende Schwierigkeiten kein größeres Ausmaß annehmen. Ein Unteroffizier trägt die Verantwortung. Offiziere sind nicht zugegen, sie gehen ihren Vergnügungen nach; vielleicht geben ihre Exzellenzen, Pilatus und seine Gemahlin, gerade ein Gartenfest zur Feier des Kaiser-Geburtstages.

Was die einheimischen *Zuschauer* angeht – sie werden in dem offiziellen Bericht erwähnt, den Pilatus am nächsten Tage erhält, aber kaum eines Blickes würdigt –, so setzen diese sich aus ein paar scharfäugigen, bärtigen Rabbinen zusammen, die sich vergewissern wollen, ob alles nach Plan verläuft; weiter aus den bei derartigen Vorkommnissen stets zu beobachtenden Schaulustigen, die sich von Hinrichtungen ebenso angezogen fühlen wie von Straßenunfällen oder von irgendwelchen Gewalttaten; aus einigen Jüngern einschließlich Petrus – der Ärmste, er ist immer noch zerknirscht, weil er Christus am Tage zuvor verleugnet hat (wem ist es leider nicht schon ähnlich ergangen?) –; aus Maria sowie ein oder zwei anderen Frauen und vielleicht aus einem Vertreter der geheimen Widerstandsbewegung (für den Fall, daß sich irgend etwas Besonderes tun werde – freilich ohne große diesbezügliche Hoffnung).

Die Äußerung Jesu, daß man dem Kaiser geben solle, was des Kaisers sei, schloß effektiv jede Hoffnung darauf aus, daß er sich für die Befreiung der Juden von der römischen Knechtschaft einsetzen würde. Wie sich seither herausgestellt hat, sollte Palästina im Verlauf seiner ziemlich tragischen Geschichte noch häufig befreit werden – doch niemals durch ihn.

Hier handelt es sich um einen jener Vorgänge – ein Mensch erleidet öffentlich den Tod –, die in den Zuschauern eine unmittelbare innere Erregung erzeugen, auch wenn sie sich, wie damals, der Natur und Größe des gewaltigen Dramas, das sich da vor ihren Augen abspielt, gar nicht bewußt sind. Nur recht vage warteten sie darauf, daß etwas Ungewöhnliches einträte, was ja dann auch tatsächlich der Fall war: Der Mensch am Kreuz verschied nicht mit einer trotzigen Geste der Herausforderung, wie sie zu dem vermeintlichen König der Juden gepaßt hätte, sondern mit dem *Schrei* der Verzweiflung auf den Lippen. Diesem Schrei verdankt das Christentum seine Entstehung. Hinfort werden die Menschen nicht dem Sieg, sondern der Niederlage Verehrung zollen, dem Versagen, nicht dem Erfolg, der Ergebung, nicht dem Trotz, der Entbehrung, nicht der Sattheit, der Schwachheit, nicht der Stärke. Wir müssen unser Leben verlieren, um es zu erhalten; wir müssen sterben, um zu leben.

Verständlicherweise sind die sich als solche bekennenden Christen und christlichen Institutionen und Gemeinschaften keineswegs dem Kreuz und dem, was es beinhaltet, treugeblieben; das gilt ganz besonders für die Gegenwart. Der dem Namen nach »christliche Teil der Welt« betet in erster Linie die steigenden Wachstumsraten des Bruttosozialproduktes an (so heißt unser Goldenes Kalb) und jagt dem Glück in Gestalt sinnlicher Freuden nach. Jedoch – das Kreuz ist immer noch da und fordert uns unmißverständlich auf, die Welt und alle Dinge dieser Welt anzuklagen.

Der Kreuzestod Jesu konnte *nicht ohne Folgen* bleiben, das ist mir völlig klar. Der Mensch, der da am Kreuz seinen Geist aufgegeben hatte, mußte als lebendiger Gott von den Toten auferstehen; ebenso zwangsläufig, wie auf die Nacht der Tag folgt, folgte dem Kreuzestod die Auferstehung. Daran kann es tatsächlich keine Zweifel geben. Gleichwohl, wie komme ich, ein Nihilist des zwanzigsten Jahrhunderts, dem an nichts so sehr gelegen ist wie an einem Leben ohne Gott (sei dieser nun tot oder lebendig), dazu, mir Gedanken über dieses Kreuz zu machen und damit über einen Menschen, der vor zweitausend Jahren daran gestorben ist? Ob sich alles genau so zugetragen hat, wie es in den Evangelienberichten geschildert wird und wie es von den kirchenchristlichen Apologeten in endlosen Wiederholungen verteidigt wird, steht dabei auf einem anderen Blatt. Aber – kommt es darauf überhaupt an?

Ich meinerseits würde beispielsweise hier nicht entscheiden wollen, ob jemand als Ketzer abzutun sei, bloß weil er einer Legende wie der folgenden zuneigt: Einem Grabfledderer, wie er auf Golgatha herumzulungern pflegte, um dort etwa noch brauchbare Gegenstände aufzulesen, war zu Ohren gekommen, daß der König der Juden hingerichtet werden sollte. Gut! denkt er in seiner Beschränktheit, dabei müßte eigentlich auch für mich etwas abfallen! Er wartet also, bis die Angelegenheit erledigt ist, bekommt dann heraus, wohin der Gekreuzigte gebracht worden ist, wuchtet den Stein beiseite und macht sich, nachdem er sich vergewissert hat, von niemand beobachtet worden zu sein, mit dem Leichnam davon.

Welch eine Enttäuschung für ihn! – Dieser »König der Juden« trägt keine Krone, keine Juwelen, keinen Reichsapfel, kein Zepter, keinen Ring; er ist nichts als ein wertloser, geschundener, zerstochener nackter Körper. Voller Verachtung überläßt der Mann die Leiche den Geiern, die ihn bald bis auf die Knochen abnagen – jene ach so kostbaren Knochen, die in der Sonne bleichen …

Dorothy L. Sayers

DAS GRÖSSTE DRAMA ALLER ZEITEN

Die offizielle kirchliche Verkündigung hat seit einiger Zeit eine »schlechte Presse«. Man versichert uns dauernd, die Kirchen seien darum so leer, weil die Prediger zu viel Gewicht auf die Lehre legten: auf das »langweilige Dogma«, wie man zu sagen pflegt. Man lasse mich einmal sagen, daß genau das Gegenteil wahr ist; es ist die Vernachlässigung des Dogmas, die die Predigten so langweilig macht. Der christliche Glaube ist das aufregendste Drama, das der menschlichen Einbildungskraft je geboten wurde. Und gerade im Dogma ist er als dieses Drama verstanden und dargestellt!

Wenn wir das in den Glaubensbekenntnissen der Kirche klar bezeugte Drama langweilig finden, dann haben wir diese erstaunlichen Schriftstücke entweder nie wirklich gelesen oder aber so oft gedankenlos rezitiert, daß wir alle Empfindungen für ihren Sinn verloren haben. Es geht in der Handlung dieses Dramas um eine einzige Person, und sein ganzer Gang ist die Antwort auf ein einziges zentrales Problem: »Was dünket euch um Christus?«[1] Bevor wir uns eine von den unkirchlichen Antworten auf diese Frage (von denen einige in der Tat äußerst langweilig sind!) zu eigen machen und bevor wir dann Christus als einer Mythenfigur, einem Idealisten, einem Demagogen, einem Schwindler oder Geisteskranken den Abschied geben, dürfte es nichts schaden, noch einmal

[1] Matth. 22,42.

ruhig festzustellen, was denn eigentlich in den Glaubensbekenntnissen von ihm gesagt ist: Was hält die Kirche von Christus?

Ihre Antwort ist kategorisch und kompromißlos. Sie lautet: daß Jesus, der Sohn Josephs, der Zimmermann von Nazareth, in Tat und Wahrheit im genauesten und wörtlichen Sinn Gott war, »durch den alle Dinge geschaffen wurden«.[2] Er war nach Leib und Seele ein gewöhnlicher Mensch; seine Person aber war die Person Gottes, in der Gestalt und in den Schranken menschlicher Existenz. Er war nicht eine Art Dämon oder Spukgestalt, er lebte nicht bloß angeblich und scheinbar als Mensch. Er war in jeder Hinsicht ein wahrer, lebendiger Mensch. Er war aber nicht nur ein so vollkommener Mensch, daß er »Gott gleich« war – er war Gott.

Dies dürfte nicht ein frommer Gemeinplatz – dies dürfte überhaupt kein Gemeinplatz sein. Denn damit ist unter anderem jedenfalls auch dieses gesagt: Was immer Gott bewogen haben mag, den Menschen zu schaffen, wie er ist – beschränkt und leidend, dem Schmerz und dem Tode unterworfen –, er hatte den Anstand und den Mut, die von ihm verordnete Medizin auch selbst zu schlucken. Welches Spiel er immer spielen mag mit seiner Schöpfung, er hat sich an seine eigenen Regeln gehalten und mitgespielt. Er verlangt nichts vom Menschen, was er nicht zuerst von sich selbst verlangt hat. Er hat alle menschlichen Erfahrungen durchlaufen: von den alltäglichen Ärgerlichkeiten des Familienlebens und dem hemmenden Druck der körperlichen Arbeit und Armut bis zu dem Furchtbarsten des Schmerzes, der Erniedrigung, der Niederlage, der Verzweiflung und des Todes. Als er ein

[2] Aus dem Nicänischen Glaubensbekenntnis.

Mensch war, da war er es ganz. Er wurde im Elend geboren, er starb in Schande und hielt es für der Mühe wert, das alles zu erleiden.

Das Christentum ist nun freilich nicht die einzige Religion, die die beste Erklärung des menschlichen Lebens in der Idee eines menschgewordenen und leidenden Gottes zu finden meint. Auch der ägyptische Osiris starb und auferstand. Auch Äschylus versöhnt (in seinen »Eumeniden«) den Menschen mit Gott in der Theorie vom leidenden Zeus. Aber wenn das Leiden und Sterben des Gottes nach diesen anderen Theologien in einer fernen und mythischen Vorzeit geschieht, so beginnt die christliche Geschichte nach der Angabe des Matthäus fröhlich an einem bestimmten Ort und unter einem bestimmten Datum: »Als Jesus geboren wurde zu Bethlehem in Judäa in den Tagen des Königs Herodes.«[3] Und noch praktischer und prosaischer fixiert Lukas die Sache, indem er sich auf ein Ereignis der damaligen Finanzpolitik bezieht. Gott wurde Mensch, sagt er, in dem Jahr, als der Cäsar Augustus anläßlich eines Steuerplanes eine Volkszählung veranstaltete.[4] Gerade wie wenn bei uns ein Ereignis datiert würde mit der Angabe: Es geschah in dem Jahr, als Großbritannien den Goldstandard aufgab! Rund 33 Jahre später, wird uns dann berichtet, wurde Gott, weil er ein politisches Ärgernis geworden war, hingerichtet: »unter Pontius Pilatus«[5], wie wenn man heute sagen würde: »zur Zeit, da Mr. Joynson-Hicks Minister des Innern war!« Es ist alles so genau und konkret wie nur möglich.

[3] Matth. 2,1.

[4] Luk. 2,1.

[5] Aus dem Apostolischen und dem Nicänischen Glaubensbekenntnis.

Es möchte uns vielleicht angenehmer sein, diese Geschichte nicht allzu ernst nehmen zu müssen. Denn manches in dieser Geschichte ist sehr beunruhigend. Da hatten wir, mitten unter uns wandelnd und redend, einen Menschen göttlichen Wesens – und was wußten wir mit ihm anzufangen? Das gemeine Volk freilich »hörte ihn gerne«[6]. Unsere führenden Autoritäten in Kirche und Staat aber fanden, er rede zu viel und sage dabei allerlei irritierende Wahrheiten. Und so bestachen wir einen seiner Freunde, ihn in aller Stille der Polizei auszuliefern. Wir machten ihm mit einer reichlich allgemeinen Anklage wegen Unruhestiftung den Prozeß. Wir ließen ihn öffentlich auspeitschen und an den gemeinen Galgen hängen »und dankten Gott, daß wir den Schelm los waren«[7]. Das alles hätte uns auch dann nicht eben Ehre gemacht, wenn er (wie manche dachten und noch denken) nur ein harmlos verrückter Sektenprediger gewesen wäre. Aber wenn die Kirche mit ihrem Bekenntnis zu ihm im Recht ist, dann war das alles sehr viel schlimmer: der Mensch, den wir gehenkt haben, war der allmächtige Gott!

Das also ist im Umriß die Aussage der Kirche: Sie ist der Bericht der Zeit, da Gott mit Füßen getreten, geschlagen wurde, da er sich selbst den von ihm selbst aufgestellten menschlichen Lebensbedingungen unterwarf und den Menschen gleich wurde, die er geschaffen hatte, und da die Menschen, die er geschaffen hatte, ihn schlugen und töteten. Das ist das Dogma, das wir so langweilig finden: dieses schreckliche Drama, in welchem Gott das Opfer und der Held ist.

6 Mark. 12,37.

7 »Thanking God, we were rid of a knave« (Shakespeare, Viel Lärm um nichts, III,3) [Anmerkung von K. Barth].

Wenn das langweilig ist, was, ums Himmels willen, ist dann wert, aufregend genannt zu werden? Das muß man denen, die Christus an den Galgen brachten, zubilligen, daß sie ihm jedenfalls nicht etwa anklagten, langweilig zu sein. Im Gegenteil: sie fühlten sich in ihrer Sicherheit durch seine Dynamik aufgestört. Es war späteren Generationen vorbehalten, das Bild dieser alles erschütternden Persönlichkeit abzudämpfen und mit einer Atmosphäre von Schwäche zu umgeben. Wir wußten dem »Löwen von Juda«[8] seine Pranken sehr wirksam zu beschneiden! Wir gaben ihm das Zeugnis, der »freundliche Jesus, sanft und mild«[9] zu sein. Wir empfahlen ihn als geeigneten Hausliebling für bleiche Geistliche oder für fromme alte Damen. Denen, die ihn kannten, machte er in keiner Weise den Eindruck eines harmlosen Milchgesichtes: sie widerstanden ihm als einem gefährlichen Feuerbrand. Ja, er war zart mit den Unglücklichen, geduldig mit den ehrlichen Suchern und demütig vor dem Himmel. Es machte ihm aber auch nichts aus, ehrwürdige Kirchenmänner als Heuchler zu beleidigen.[10] Er hat den König Herodes »diesen Fuchs« genannt.[11] Er ging in höchst unpassender Begleitung in gute Gesellschaft und mußte sich als »ein Fresser und Weinsäufer, der Zöllner und Sünder Geselle« bezeichnen lassen.[12] Er überfiel zu ihrer Entrüstung würdige Geschäftsherren und warf sie und ihre Habe zum Tempel hinaus.[13] Er kutschierte quer

[8] Offenb. 5,5.

[9] Aus einem englischen Kirchenlied: »Gentle Jesus, meek and mild« (Anmerkung von K. Barth).

[10] Z.B. Matth. 15,7; 22,18; 23,13.15.23.27.29.

[11] Luk. 13,32.

[12] Matth. 11,19.

[13] Joh. 2,14-16.

durch so und so viele eisgrau-sakrosankte Überlieferungen. Er machte Kranke gesund, wie es ihm gerade paßte: mit einer ärgerlichen Unbekümmertheit um anderer Leute Schweine und Eigentum![14] Er zeigte keinerlei besondere Ehrfurcht vor Vermögen und Rang. Er entfaltete, wenn man ihm geschickte dialektische Fallen stellte, einen paradoxen Humor, der ernstgesinnte Leute vor den Kopf stoßen mußte, und antwortete, indem er unangenehm forschende Gegenfragen stellte, die nicht im Handumdrehen zu beantworten waren.[15] Er war als Mensch seiner Lebtage in der nachdrücklichsten Weise – kein langweiliger Mensch. Und wenn er Gott war, dann ist Gott wahrhaftig keine langweilige Angelegenheit. Es »zeigt sein Leben täglich eine Schönheit, die uns häßlich macht«[16], und die offizielle Welt fühlte, daß die bestehende Ordnung sicherer ohne ihn als mit ihm zu erhalten sei. So haben sie denn im Namen von Frieden und Ruhe mit Gott aufgeräumt!

»Und am dritten Tage auferstand er von den Toten.«[17] Was sollen wir damit anfangen? Eines ist sicher: Wenn er nur Gott und sonst nichts war, dann hat seine Unsterblichkeit für uns nichts zu bedeuten. Und wenn er nur ein Mensch und sonst nichts war, dann war sein Tod nicht wichtiger als der deine oder meine. War er aber wirklich beides: Gott und Mensch, dann starb Gott, indem der Mensch Jesus starb. Und als der Gott Jesus von den Toten auferstand[18], da auferstand dann auch der Mensch; denn

[14] Matth. 8,28-32.
[15] Z.B. Matth. 22,15-22,23-33.41-46.
[16] Shakespeare, Othello, V,1 (Anmerkung von K.Barth).
[17] Aus dem Apostolischen Glaubensbekenntnis.
[18] »... and when the God Jesu rose from the dead ...« Karl Barth übersetzte irrtümlich: »Und als Gott Jesus vom Tode auferweckte, ...« Korrektur vom Herausgeber.

in ihm waren Gott und Mensch eine Person. Die Kirche verpflichtet uns auf keine Theorie hinsichtlich des Wesens des auferstandenen Leibes Christi. Ein Leib irgendwelcher Art mußte er wohl sein; denn anders als in den Grenzen des Raumes und der Zeit kann der Mensch das Unendliche nicht fassen. Er mag gebildet gewesen sein aus den Elementen desselben Leibes, der so seltsam aus dem bewachten Grabe verschwunden war. Er war aber sicher nicht der alte, beschränkte, sterbliche Leib, obwohl er wie dieser erkennbar war. Und jedenfalls waren und blieben die, die den auferstandenen Christus sahen, überzeugt, daß das Leben es wert ist, gelebt zu werden, und daß der Tod nichtig ist: eine sehr andere Haltung als die des modernen Defaitisten, der so fest überzeugt ist, daß das Leben ein Unglücksfall und der Tod – ein bißchen inkonsequent – eine noch größere Katastrophe sei.

Niemand ist gezwungen, auch nur ein einziges Wort dieser merkwürdigen Geschichte zu glauben. Nach der Lehre der Kirche hat uns Gott geschaffen in der völligen Freiheit, nicht an ihn zu glauben, solange es uns paßt. Wenn wir nicht an ihn glauben, dann hat er und dann haben wir die Folgen zu tragen. Wir leben in einer Welt, in der Ursache und Wirkung regieren. Die Kirche lehrt weiter, daß der Mensch tatsächlich nicht an Gott glaubte und daß Gott selbst tatsächlich die Folgen tragen wollte. Immerhin: wollen wir etwas durchaus *nicht* glauben, so sollte es in der Regel als wünschenswert erscheinen, sich genau darüber zu vergewissern, *was* das ist, was wir nicht glauben wollen. »Der rechte Glaube ist es, zu glauben, daß Jesus Christus Gott und Mensch ist. Vollkommener Gott und vollkommener Mensch, bestehend aus einer vernünftigen Seele und einem menschlichen Leibe. Welcher, obwohl er Gott und Mensch ist, doch nicht zwei, sondern der eine Christus ist.«[19]

Das ist die entscheidende Lehre. Die ganze ausgearbeitete Struktur der christlichen Glaubens- und Sittenlehre kann aus ihr nur die logischen Konsequenzen ziehen.

Wir können diese Lehre erleuchtend nennen oder verheerend. Wir können sie Offenbarung nennen oder auch alten Plunder. Wenn wir sie aber langweilig nennen, dann haben Worte keinen Sinn mehr. Daß Gott des Menschen Tyrann sei, das ist die düstere Meinung unfreier Sklaven. Daß der Mensch des Menschen Tyrann sei, das ist das übliche traurige Lied menschlicher Erbärmlichkeit. Aber daß der Mensch zum Tyrannen Gottes wird und in ihm einen besseren Menschen findet als in sich selber, das ist der Inhalt eines auf alle Fälle erstaunlichen Dramas. Jeder Journalist, der das zum ersten Male hören würde, würde es sofort als »Neuigkeit« erkennen. Und die das zum ersten Male hörten, nannten es wirklich »Neuigkeit«, und zwar *gute* Neuigkeit – uns zum Trotz, die wir imstande sind zu vergessen, daß das Wort »Evangelium« immer etwas so Sensationelles meinte.

Vielleicht ist das Drama nun ausgespielt und Jesus glücklich gestorben und begraben. Vielleicht. Es ist eine ironische und ergötzliche Erinnerung, daß diese Meinung wenigstens einmal in der Weltgeschichte in voller Überzeugung ausgesprochen worden sein könnte: am Vorabend von Jesu Auferstehung von den Toten.

[19] Aus dem sogenannten Athanasianischen Glaubensbekenntnis, das in der anglikanischen Kirche zur Liturgie hoher Feiertage gehört.

Malcolm Muggeridge
CREDO – ICH GLAUBE

Bei dem Versuch, zu formulieren, woran ich glaube, muß ich mit dem beginnen, woran ich *nicht* glaube.

Ich glaube nicht an den Fortschritt, nicht an die Jagd nach dem Glück und die damit verbundene Planung einer Gesellschaft, in der der Mensch immer größere Befriedigung durch wachsende Möglichkeiten findet, seine materiellen und leiblichen Wünsche und Hoffnungen zu verwirklichen. Ich bin vielmehr der Meinung, daß das Leben, das die Menschen in den urbanisierten reichen Ländern heute führen, vermutlich die am meisten entartete und am wenigsten aufgeklärte Art der Lebensführung ist, die es je gegeben hat.

Das halbe Jahrhundert, das ich bewußt miterlebt habe, scheint mir ganz außerordentlich verderblich, mörderisch und brutal gewesen zu sein. Mehr Menschen als in jedem vergleichbaren Zeitabschnitt der Geschichte wurden in dieser Zeit getötet, terrorisiert oder aus ihrer Heimat vertrieben und mehr als in jedem anderen vergleichbaren Zeitabschnitt von dem Erbe der Vergangenheit zerstört, mehr Lügen propagiert und mehr minderwertige Ideologien als Kampfmittel verwendet. Und – zum Ausgleich dafür waren weniger Leistungen auf den Gebieten der Kunst, der Literatur und der schöpferischen Erkenntnis zu verzeichnen.

Irdische *Macht* ist mir stets wie ein lächerlicher Götze vorgekommen, ob sie nun durch Lehrkräfte, Bürgermeister, Richter, Premierminister, Monarchen oder durch sonst jemand verkörpert wurde. Ich war entzückt, als ich zum erstenmal in Blaise Pascals »Gedanken über die Religion« las (ihr Verfasser gehört zu der kleinen, erlesenen Schar von Mitmenschen, vor denen man sich in tiefer Demut verneigt und bekennt: »dir pflichte ich in allem bei«), daß Beamte und Herrscher ihre lächerlichen Roben, Kronen und Diademe schon deswegen anlegen müßten, weil jedermann sie sonst in ihrem ganzen fadenscheinigen Dünkel durchschauen würde.

Ich bin fest davon überzeugt, daß mich Narren regieren, daß Schwachsinnige mich gelehrt, daß Heuchler mir Moral gepredigt haben und daß ich ebenso zur Beute von Scharlatanen in der Maske von Werbefachleuten und berufsmäßigen Überredungskünstlern geworden bin wie auch zu der von weitschweifigwortreichen Demagogen und Ideologen aller möglichen Richtungen.

Ich für meine Person kann auch in den sogenannten Errungenschaften der *Naturwissenschaften* keinen Ersatz erblicken. Zwar sind während meines Lebens in der Frage der Enträtselung des Universums – seiner Entstehung und seines Mechanismus – größere Fortschritte erzielt worden als insgesamt zuvor im Verlauf der von uns überschaubaren Geschichte; doch erregt diese Tatsache mich innerlich überhaupt nicht, ja sie weckt nicht einmal meine Neugier. Man hat das Atom gespalten; man ist in den Weltraum vorgedrungen und wird ihn in absehbarer Zeit mehr oder weniger erforscht haben. Keine dieser Leistungen steht in irgendeiner Beziehung zu dem, was mich ausschließlich interessiert: Wozu gibt es Leben? – Und welchen Sinn (sofern es ihn überhaupt gibt) hat in diesem Zusammenhang mein winziger und so vergänglicher Anteil an diesem Leben?

Unsere ganze Welt ist in einem einzigen Sandkorn, ja auch der ganze große Kosmos; wenn ich das Sandkorn begreifen könnte, würde ich alles verstehen. Weshalb sollte ich also, indem ich den Mond aufsuche und den Mars oder einen freien Tag in der Milchstraße zubringe, mit meiner Frage weiterkommen, als wenn ich nach Manchester und Liverpool fahre oder einen freien Tag im Seebad Brighton verbringe –?

Bildung heißt der große Popanz unserer Zeit. Sie soll uns fürs Leben tauglich machen und wird als Universalmittel verordnet: als Mittel gegen die Jugendkriminalität ebenso wie als solches gegen vorzeitige Vergreisung. Größtenteils jedoch dient sie nur der größeren Verdummung, zur Aufblähung der Eitelkeit, zur Erhöhung der Leichtgläubigkeit sowie dazu, die Menschen den Gehirnwäschern von Presse, Funk und Fernsehen auf Gedeih und Verderb auszuliefern.

Ich habe Nachbildungen riesiger, plumper vorgeschichtlicher Tier-Monstren gesehen, die im Laufe der Zeit einen derartig schweren Schutzpanzer entwickelten, daß sie schließlich unter seiner Last zusammenbrachen und ausstarben. So sackt auch unsere Zivilisation unter der Last des Wohlstandes und des Konsumzwanges immer mehr zusammen, unter der Last des Glücks sowie unter dem Zwang, die Phantasiegebilde, die dieses »Glück« verkörpern, zu erhalten, d.h. unter ihrem Sicherheitsbedürfnis und den für so wichtig gehaltenen, immer verheerender werdenden Nuklearwaffen. Es ist m. E. keineswegs ausgeschlossen, daß sie bald völlig zusammenbrechen und untergehen wird. Je mehr dieser Sachverhalt aber ins allgemeine Bewußtsein dringt, umso auffälliger wird die Zuflucht zu Drogen, zu Träumen, Phantasmagorien oder anderen Scheinlösungen, mit denen man der Wirklichkeit auszuweichen versucht.

Woran soll man glauben, wenn man im *Zwielicht* einer Kultur lebt, die entkräftet und erschöpft ist, in ihrem lächerlichen und zugleich erschreckenden Schatten? So merkwürdig es ist: Gerade diesen zwielichtigen Verhältnissen verdanken wir, wie mir scheint, daß der dahinter verborgene Sinn sich vor dieser Silhouette besonders deutlich abhebt. Wie die menschliche Liebe in ihrer strahlenden Kraft nur dort sichtbar wird, wo auch der letzte Schimmer von egoistischem Begehren erloschen ist, so müssen wir die Welt zwangsläufig zur Wüste machen, um Gott darin zu finden.

Der Sinn des Universums entzieht sich der Geschichte, ebenso wie die echte Liebe nichts mit Begierde zu tun hat. In Augenblicken der Erleuchtung tritt jener Sinn plötzlich in unbegreiflicher Klarheit und Helligkeit zutage. (Diese Augenblicke kommen und vergehen völlig unberechenbar; obwohl sie, wie ich voller Dank feststellen darf, immer Spuren zurücklassen – ähnlich dem Klang einer Musik in weiter, weiter Ferne, nahezu übertönt von anderen, lauteren Geräuschen, aber doch noch ganz schwach und mit Unterbrechungen zu hören.) Wie die kristallhelle Morgendämmerung bricht dieser Sinn aus der Finsternis hervor; je tiefer die Nacht, umso strahlender die Tagesfrühe.

Man gestatte mir, in diesem Zusammenhang von einem *Bühnenbild* zu sprechen, als das sich mir das Ganze oft darstellt. In der Mitte der Bühne befindet sich die Alltagswelt, in der wir unser tägliches Leben führen; mit Geldverdienen, Zeitunglesen, Geldwechseln oder dem Besprechen von Tonbändern, mit Plaudern und Essen und unseren Begehrlichkeiten. Diese Welt nenne ich (nach der italienischen Bezeichnung für Zwischenreich, Vorhölle) »Café Limbo«. Auf der linken Seite der Bühne befindet sich ein dämmeriger Bereich, in dem man Umrisse, Gestalten und Bewegungen nur undeutlich erkennt, wie man von dort her auch nur undeutliche Geräusche wahrnimmt sowie Klänge und einen leichten Luftzug wie auf Calibans Insel; sie schmerzen nicht, sie entzücken uns. Diesen Bereich nenne ich »das Leben«.

Die rechte Seite der Bühne ist von Bogenlampen überhell erleuchtet wie ein Fernsehstudio. Dort breitet sich die Geschichte vor uns aus; Neues geht hier vor sich. Es ist dies der Ort, an dem wir unser öffentliches, unser Gemeinschaftsleben führen, an dem wir die Regierenden ein- und absetzen, Kriege erklären und über den Frieden verhandeln, an dem wir vor Patriotismus glühen und uns von revolutionärem Eifer hinreißen lassen, an dem wir Gesetze erlassen, schöne Reden halten, ewige Leidenschaft schwören und im Abgrund der Trostlosigkeit versinken. Diesen Bereich nenne ich »Legende«.

Auf dieser dreiteiligen Bühne, zwischen Leben, Café Limbo und Legende, spielt sich ein endloses Drama ab. Zwei Kräfte gestalten das Spiel: die mit dem Denkvermögen gekoppelte Vorstellungskraft, die zum echten Leben gehört, und der Triebwille (Fleisch), der der Legende zugeordnet ist. Aus der Imagination, aus der Kraft der denkenden, schöpferischen Phantasie erwachsen Liebe, Verständnis, Güte, Selbstverleugnung: alle nur vorstellbaren echten Synthesen.

Aus dem triebhaften Eigenwillen erwachsen sinnliche Lust, Haß, Habgier, Macht, Schönrederei: alle falschen Antithesen, wie solche je aufgestellt wurden oder noch aufgestellt werden. Überwiegend oder ausschließlich auf die Seite des Lebens gehören die Heiligen, die Mystiker und die begnadeten Künstler; im Extremfall – wie zum Beispiel im Falle Jesu Christi – müssen sie getötet werden. (Eine ausgezeichnete Erklärung hierfür findet sich in dem berühmten Abschnitt über den Großinquisitor in Dostojewskijs Werk »Die Brüder Karamasow«.) Ausschließlich oder vorwiegend der Legende zugeordnet sind alle Machtbesessenen, Herrscher, Helden, Demagogen und »Befreier«; im Extremfall – wie zum Beispiel bei Hitler – bewerkstelligen sie selbst ihren Untergang. Das Leben ist von Leiden, Entbehrung und Vernunft, die Legende von Glück, Überfluß und Wahnsinn gekennzeichnet.

Die meisten Menschen verbringen den größten Teil ihrer Zeit im »Café Limbo«, das quasi konzessioniert ist; sie werfen gelegentlich einen Blick in die Richtung des »Lebens« und mehr als nur gelegentlich einen Blick in die der »Legende«. (Nebenbei: Unsere beste Zuflucht ist das Lachen; als Querriegel dient, sofern und wann immer erforderlich, ein Nasenstüber.) Wenn eine Person von der Legende zum Leben hinüberwechselt, bringt sie etwas künstliches Licht mit sich, das leuchtet wie ein Glühwürmchen, erlischt dann aber allmählich in der es verschlingenden dunklen Tiefe des Lebens.

Noch deutlicher und tragischer läßt sich dieses Schema auf jedem einzelnen Gesicht verfolgen, wie alle wissen, die Gelegenheit hatten zu beobachten, wie der Ausdruck eines geliebten Antlitzes zwischen Vernunft und Wahnsinn hin- und herschwanken kann. (Letzteres ist bei sehr vielen Menschen der Fall; denn in dem Maße, in dem wir die Krankheiten und Schmerzen des Fleisches zu mindern und zu lindern vermögen, vermehren wir meist die Krankheiten des Geistes und der Seele. Wenn die Menschheit schließlich von allen Krankheiten und vom »Verfall« befreit sein wird, wenn eines Tages alle Menschen pasteurisiert, wenn ihre Gene gezählt und neu geordnet sein sollten, wenn sie mit austauschbaren Plastikorganen versehen sein werden, mit denen sie essen, sich paaren und andere körperliche Funktionen in völlig unschädlicher und hygienischer Weise ausüben können, wann immer ihnen der Sinn danach steht – dann wird es nur noch Verrückte geben, wird die ganze Welt zu einer riesigen Psychiatrischen Klinik werden.) Man studiert das geliebte verwirrte Gesicht wie ein Gelehrter eine alte Handschrift und sucht nach dem Schlüssel zu seinem Verständnis. Was man sieht, ist ein Kampf auf Leben und Tod zwischen dem selbstischen Willen und der göttlichen Imagination. Gewinnt jener, dann wird das flackernde echte Licht auf immer erlöschen; gewinnt diese, dann wird es wieder aufleuchten, um im stetigen Glanz zu brennen, so daß man aus vollem Herzen rufen kann: »O mein Geliebter! Du bist zu mir zurückgekehrt.«

Ich weiß sehr wohl, daß das schulpsychiatrisch gesehen Unsinn ist; dennoch bin ich davon überzeugt. Ich sehe, wie diese beiden Mächte in jeder einzelnen Seele um die Vorherrschaft kämpfen – in meiner Seele genauso wie in der aller Menschen, wie in jedem Gemeinwesen, auf der ganzen Erde und im unermeßlichen Weltraum. Das eine ist die Macht der Finsternis, das andere die des Lichtes; das eine möchte uns in die Tiefe hinabziehen und dort verschlingen, das andere uns in den azurblauen Himmel emporheben, wo alle Selbstsucht aufhört, wo die Liebe allumfassend, alles umschließend ist und wo die Wirren des Lebens sich von selbst auflösen; so wie wir plötzlich von einer Anhöhe aus eine wohlgeordnete Landschaft vor uns erblicken, wenn der Nebel sich im Licht und in der Wärme der Sonne zerteilt. Die eine Macht ist der Teufel, die andere Gott! Ich kenne beide, und ich glaube an beide.

Für uns Westeuropäer ist die christliche Religion diesem uralten und (wie ich meine) offenkundigen *Zwiespalt* in atemberaubender Einfachheit und Erhabenheit Ausdruck gegeben. Es war weder die erste Aussage zu diesem Gegenstand, noch wird es die letzte sein; aber noch ist diese die für uns gültige Aussage, die ich anerkenne. Ich glaube, daß wir – wie es im Neuen Testament heißt – unser Leben verlieren müssen, um es zu finden; daß wir nicht vom Brot allein leben; daß wir im Fleisch sterben müssen, um im Geiste wiedergeboren zu werden, und daß es unser Fleisch gelüstet wider den Geist und den Geist wider das Fleisch; daß Gott keinen Sperling fallen sieht, ohne sich seiner anzunehmen, und daß er die Haare auf dem Haupt eines jeden von uns gezählt hat, so daß alles Lebendige unsere Achtung und Ehrfurcht erfordert und damit begreiflicherweise kein Mensch wichtiger ist oder in irgendeiner Weise mehr Beachtung verdient als der andere. Gott ist unser Vater, wir sind seine Kinder, und wir bilden somit eine Familie; wir alle sind Brüder und Schwestern.

Obwohl diese grundlegenden Aussagen des Christentums von den verschiedenartigsten Dogmen überdeckt wurden, die für mich vielfach unverständlich und irrelevant sind und sich m.E. oft sogar widersprechen, bin ich stolz und glücklich, mich *Christ* nennen und damit wagen zu dürfen, mich an jenem erhabenen Maßstab menschlicher Werte und Verhaltensweisen zu messen. Tröstlich ist mir dabei ein weiterer Ausspruch Pascals, den dieser den Skeptikern aller Zeiten wie eine Rettungsleine zugeworfen hat – daß nämlich »wer Gott sucht, ihn auch findet«. Der christliche Standpunkt scheint mir selbst in seiner verfälschtesten und bildungsfeindlichsten Form immer noch jedem naturwissenschaftlich-materialistischen Standpunkt, wie überzeugend und vorurteilsfrei dieser auch erscheinen mag, vorzuziehen zu sein.

Ein Evangelist, der mich mit grellfarbenen Traktaten auffordert, um des Jüngsten Gerichts willen Buße zu tun, ist ein hell brennendes Licht, verglichen mit dem Eugeniker, der sich in seiner Gaskammergesinnung anmaßt, darüber zu befinden, welches Leben verlängerungswürdig ist und welches ausgelöscht werden soll, verglichen auch mit den Hausierern in Sachen Unfruchtbarkeit, die ihr Sortiment an Verhütungsmitteln vor den sogenannten »unterentwickelten« Völkern der Welt so selbstgefällig als die großartigste Errungenschaft und kostbarste Gabe der Neuzeit ausbreiten.

Die Naivität der Vorstellungen vom *Reich Gottes,* wie sie einfältige Gläubige vielfach haben, dürfte offenkundig sein: Perlentore, Engelchöre, goldene Kronen und prächtige Kleider ... Was sollen wir jedoch von der puren Dummheit halten, die in den entsprechenden Vorstellungen als ein Reich zum Ausdruck kommt, wie dieses von den maßgeblichen und mächtigsten Männern unserer Zeit anvisiert und propagiert wird –: als ein Reich Gottes auf Erden mit ständig wachsendem Wohlstand und dessen Nutznießern, mit Ratenzahlungskäufen und mit Menschen, die Fernsehen und Sex abgestumpft haben, die »umfassend gebildet«, die von den Astrophysikern darüber unterrichtet sind, wie die Welt entstanden ist, und von dem atheistischen Kulturphilosophen Bertrand Russell darüber, wie sie enden wird; ein Reich Gottes auf Erden, in dem die Menschen sich auf breiten, sechsspurigen Autobahnen fortbewegen, auf Rastplätzen pausieren, versehen mit Antibabypillen, damit sie ungeschwängert (wenn schon nicht jungfräulich) bleiben; ein Reich Gottes auf Erden, in dem die Asphaltdecken der Straßen mit Blut besudelt sind; ein – ja ein Himmelreich, das sich vor den Menschen in den Supermärkten ausbreitet, mit einem Regenbogen, der in der nächsten Spielhalle endet; ein Himmelreich mit einer Freizeitkultur, die sich in den zahllosen Sprossen der wie träumende Turmspitzen in den Himmel ragenden Antennen äußert; ein Glück in ebenso vielen Farben, wie es Tabletten gibt – grün, gelb, blau, rot und leuchtend weiß; ein Glück in vielen, vielen Häuserblocks, Wohnmaschinen aus Licht und Chrom, die immer steiler in den Himmel drängen?

Ein solches Reich kann und wird für die Nachwelt gewiß nur eine Quelle endlosen Spottes sein – vorausgesetzt, daß es überhaupt eine »Nachwelt« gibt; denn den Hintergrund zu alledem bildet ja der Atompilz, in dessen Zeichen die Menschheit sich, wie weiland die Gerasener Schweineherde, munter und ausgelassen immer mehr dem jähen Abgrund nähert.

Natürlich gebe ich zu, daß diese Sicht und dieses Glaubensbekenntnis zum Teil auf den Umstand zurückzuführen sind, daß ich *alt* bin und in spätestens etwa zehn Jahren wahrscheinlich nicht mehr am Leben sein werde. In jüngeren Jahren hätte ich mich zweifellos anders ausgedrückt; jetzt überschattet die Aussicht auf den Tod alles übrige. Ich gleiche dem Seefahrer, der sich seinem Bestimmungshafen nähert. Als ich mich einschiffte, machte ich mir Gedanken darüber, ob ich wohl eine Außenbordkabine bekäme, ob man mich auffordern würde, am Kapitänstisch Platz zu nehmen, wer wohl zu den attraktivsten und bedeutendsten Passagieren gehörte usw.

Derartige Überlegungen werden witzlos, wenn man demnächst wieder von Bord geht.

Sowenig ich glaube, daß das irdische Leben irgendeine dauerhafte Befriedigung zu geben vermag, so wenig Schrecken hat die Aussicht auf den bevorstehenden Tod für mich. Jene Heiligen, die erklärten, der Tod sei ihnen willkommen, bekundeten damit meiner Meinung nach höchste Vernunft, keineswegs eine Freudsche Todessehnsucht. Die Welt, die ich demnächst verlassen werde, scheint gerade dadurch schöner zu sein denn je, besonders in ihren entlegeneren Teilen, wo Gras, Bäume, das Meer, Flüsse, Bäche und sanfte Höhen noch deutlicher den Stempel der Ewigkeit tragen als zwischen Straßen und Häusern.

Alle Menschen, die ich liebhabe, darf ich jetzt sogar mehr lieben als sonst, weil ich sie um nichts zu bitten habe als um ihre Liebe; das geringe Bestreben, Besitz anzuhäufen, beachtet und zu den bedeutenden Menschen gezählt zu werden, ist zu offenkundig-absurd, als daß es noch länger Bestand haben könnte.

Oft überkommt mich das Gefühl, ungewöhnlich glücklich gewesen zu sein, und ebensooft überwältigt mich ein Gefühl ungeheurer *Dankbarkeit* gegenüber meinem Schöpfer. Ich glaube leidenschaftlich und unerschütterlich daran, daß das Leben unter allen Umständen und zu allen Zeiten ein beglückendes Geschenk ist; daß der Geist, der es beseelt, der Geist der Liebe ist, nicht Haß oder Gleichgültigkeit, der Geist des Lichts und nicht der Finsternis, der Geist des Schöpfertums, nicht der Zerstörung, der Ordnung, nicht des Chaos.

Da alles Leben – der Mensch, die Kreatur, die Pflanzen ebenso wie die gefühllose Materie – mit allem, was darüber bekannt ist, jetzt und in Zukunft zum Guten, nicht zum Bösen hin angelegt ist, glaube ich, daß das, was immer kommen mag – wenn meine Augen nichts mehr erkennen und mein Geist nichts mehr zu denken vermag, wenn die Hand, die dieses jetzt schreibt, leblos ist –, von Güte und nicht von Bosheit bestimmt sein wird. Wenn es das Nichts ist, dann danke ich für das Nichts. Wenn es ein anderer Modus der Existenz ist, bei dem ich diese verschlissene Körperhülle hinter mir lasse wie ein Schmetterling, der aus seiner Larve schlüpft, und wenn damit meinem umhertastenden, wirren Geist, der jetzt etwas bestenfalls durch ein dunkles Glas zu erkennen vermag, eine größere Reichweite und neue Exaktheit geschenkt werden, dann sage ich auch dafür Dank.

C.S. Lewis
DIE WIDERSPENSTIGEN ZINNSOLDATEN

Gottes Sohn wurde Mensch, damit die Menschen Kinder Gottes werden können. Wir wissen nicht – oder jedenfalls weiß ich es nicht –, was geschehen wäre, hätte die Menschheit sich nie gegen Gott empört und dem Feind angeschlossen. Vielleicht wären dann alle Menschen immer in »Christus«, vielleicht würden sie vom Augenblick ihrer Geburt an das Leben des Gottessohnes teilen. Vielleicht wäre der »bios« oder das natürliche Leben von vorneherein und ganz selbstverständlich in die »zoé«, das nicht-erschaffene Leben, eingegangen. Aber das bleibt Hypothese. Uns interessiert, wie die Dinge heute liegen.

Und gegenwärtig sieht es so aus: Die beiden Arten von Leben sind heute nicht nur voneinander verschieden (das wären sie immer), sie sind einander geradezu entgegengesetzt. Das natürliche Leben eines jeden von uns ist egozentrisch, es will gehätschelt und bewundert sein, Vorteile über andere erlangen und die ganze Welt ausbeuten. Vor allem aber will es unbehelligt bleiben, sich von allem fernhalten, was besser, stärker oder höher ist und vor dem es sich minderwertig fühlt. Es fürchtet sich vor dem Licht und der Luft der geistlichen Welt, so wie Menschen, die Schmutz gewohnt sind, sich vor dem Badewasser fürchten. In gewisser Hinsicht ist das ganz selbstverständlich. Der »bios« weiß, daß all sein Egoismus und Eigenwille zuschanden werden, wenn er vom geistlichen Leben ergriffen wird, und er wehrt sich mit Händen und Füßen. Dachten wir als Kinder nicht alle einmal, wie herrlich es wäre, wenn unsere Spielsachen auf einmal lebendig würden? Nehmen wir einmal an, wir hätten sie lebendig machen können. Stellen wir uns einen Zinnsoldaten vor, der sich in einen richtigen kleinen Menschen verwandelt. Dann müßte aus dem Zinn Fleisch werden. Nehmen wir weiter an, der Zinnsoldat wäre damit nicht einverstanden. Fleisch interessiert ihn nicht; er merkt nur, daß er sein Zinn verliert. Er denkt, man wollte ihn umbringen; deshalb wird er alles daransetzen, das zu verhindern. Er will kein Mensch werden, wenn es sich vermeiden läßt.

Was wir mit dem Zinnsoldaten getan hätten, weiß ich nicht; aber was Gott mit uns getan hat, war dies: Die zweite Person in Gott, sein Sohn, wurde selber Mensch. Er wurde als Mensch in die Welt geboren; als Mensch mit einer bestimmten Größe, mit bestimmter Haarfarbe, einer bestimmten Sprache und einem bestimmten Gewicht. Das ewige Wesen, das alles weiß und die ganze Welt erschaffen hat, wurde nicht nur Mensch, sondern zunächst Säugling und davor die Leibesfrucht in einer Frau. Um zu begreifen, was das bedeutet, sollten wir uns vorstellen, wie uns zumute wäre, wenn wir zu einer Schnecke oder Krabbe würden.

Es gab nur einen Menschen, der tatsächlich war, was alle Menschen ihrer Bestimmung nach sein sollten; einen Menschen, in dem das *erschaffene* Leben, das er von seiner Mutter hatte, ganz und vollkommen in das *gezeugte* Leben verwandelt wurde. Die natürliche, menschliche Kreatur in ihm ging vollständig auf in dem göttlichen

Sohn. So war die Menschheit sozusagen in einem einzigen Augenblick an ihr Ziel gelangt, in Christi Leben eingegangen. Und weil die ganze Schwierigkeit für uns darin besteht, das natürliche Leben in gewissem Sinne zu »töten«, wählte er den irdischen Lebensweg. Dazu gehörte für ihn das Abtöten aller menschlichen Wünsche in jedem Augenblick – Armut, Unverstandensein in der eigenen Familie, Verrat durch einen seiner nächsten Freunde, Verhöhnung durch die Menge, Mißhandlung durch römische Soldaten und schließlich der Tod durch Folter. Und nach diesem Tod, den er gewissermaßen täglich zu erleiden hatte, kam die menschliche Kreatur in ihm zu neuem Leben, weil sie mit dem Sohn Gottes eins war.

Der Mensch ist in Christus auferstanden, nicht nur der Gott. Das ist entscheidend. Zum ersten Mal sahen wir einen wirklichen Menschen. Ein Zinnsoldat – wirklich aus Zinn wie alle anderen – war in strahlender Vollkommenheit zum Leben gekommen.

An diesem Punkt versagt nun allerdings mein Gleichnis vom Zinnsoldaten. Wenn ein Zinnsoldat oder eine Statue lebendig würden, so wäre das ohne Bedeutung für alle anderen Zinnsoldaten oder Statuen. Denn sie sind voneinander isoliert; die Menschen dagegen nicht. Bei ihnen hat man nur den Eindruck, sie wären es. Aber wir sind so geschaffen, daß wir nur den gegenwärtigen Augenblick sehen. Könnten wir in die Vergangenheit zurückgehen, so sähe natürlich alles ganz anders aus; denn jeder Mensch war einmal Teil seiner Mutter und davor auch Teil seines Vaters, und Vater und Mutter waren einmal Teile ihrer Eltern. Könnten wir die Menschheit über die Jahrhunderte ausgebreitet sehen, so wie Gott sie sieht, dann würde sie uns nicht als eine Unzahl von Einzelwesen erscheinen, die überall verstreut sind. Sie erschiene uns vielmehr als ein einziges wachsendes Gebilde; etwa wie ein weit verästelter Baum; jedes Einzelwesen wäre mit allen anderen verbunden. Doch nicht nur das: Es wäre genausowenig von Gott getrennt wie von den anderen. Jeder Mensch, alle Männer, Frauen und Kinder auf der ganzen Erde fühlen und atmen in diesem Augenblick nur, weil Gott sie sozusagen »in Atem hält«.

Wenn Christus Mensch wurde, ist das folglich nicht ganz dasselbe wie wenn jemand von uns Zinnsoldat würde. Es ist, als würde etwas, das immer auf die gesamte Menschheit einwirkt, diesen Einfluß an einem ganz bestimmten Punkt auf neue Art und Weise zur Geltung bringen. Von diesem Punkt breitet sich die Wirkung auf die ganze Menschheit aus und verändert die Dinge sowohl für die Menschen, die vor Christus lebten, wie für die später Geborenen, ja selbst für die, die noch nie etwas von ihm gehört haben. Es ist, als ob ein einziger Tropfen einer bestimmten Tinktur in ein Glas Wasser fällt, der dem ganzen Inhalt einen neuen Geschmack oder eine neue Färbung gibt.

Natürlich hinken alle diese Vergleiche. Letztlich ist Gott nichts anderes als er selbst, und sein Handeln ist mit nichts vergleichbar. Etwas anderes wäre auch kaum zu erwarten.

Worin besteht nun die Veränderung, die durch ihn über die gesamte Menschheit gekommen ist? Vor allem darin, daß der Vorgang, ein Kind Gottes zu werden, von einem *geschaffenen* zu einem *gezeugten* Wesen zu werden und aus dem zeitlichen, biologischen Dasein ins zeitlose, »geistliche« Leben einzugehen, für uns bereits vollzogen wurde. Die Menschheit ist prinzipiell schon »gerettet«.

Wir Menschen haben uns diese Rettung nur noch anzueignen. Aber die eigentliche Arbeit ist für uns bereits getan. Wir brauchen nicht mehr zu versuchen, aus eigener Kraft zu dem geistlichen Leben emporzuklettern; dieses Leben ist bereits zu den Menschen herabgestiegen. Wenn wir uns nur dem einen Menschen hingeben, in dem es vollkommen gegenwärtig war und der, obwohl er Gott ist, Mensch wurde, so wird er in und für uns dieses Leben wirken. Erinnern wir uns an das, was ich von der »Ansteckung durch das Gute« sagte. Einer aus unserer Mitte hat dieses neue Leben. Wenn wir uns in seine Nähe begeben, wird es auf uns übertragen werden.

Natürlich kann man dieses Geschehen auf alle mögliche Weise beschreiben. Wir können sagen: Christus starb für unsere Sünden. Wir können auch sagen: Der Vater hat uns vergeben, weil Christus für uns getan hat, was eigentlich unsere Aufgabe gewesen wäre. Oder wir können sagen: Wir sind im Blut des Lammes reingewaschen worden. Oder: Christus hat den Tod überwunden. All diese Formulierungen sind richtig und wahr. Wenn uns eine nicht gefällt, sollten wir sie ruhig beiseite lassen und uns an die Aussage halten, der wir zustimmen können. Auf keinen Fall aber sollten wir uns mit anderen deswegen streiten, weil sie einer anderen Formulierung den Vorzug geben.

C.S. Lewis
WAS SOLLEN WIR MIT JESUS CHRISTUS ANFANGEN?

»Was sollen wir mit Jesus Christus anfangen?« – Wenn man es recht überlegt, ist das eine groteske Frage. Denn in Wirklichkeit geht es nicht darum, was wir mit Jesus Christus anfangen sollen, sondern was er mit uns anfangen möchte. Das Mäuschen, das darüber nachdenkt, was es mit dem Elefanten anfangen solle, ist eine Witzfigur.

Aber vielleicht hat der Fragesteller es anders gemeint, und seine Frage könnte etwa heißen: Was sollen wir mit der Überlieferung der Aussagen und Taten dieses Mannes anfangen? Wie sollen wir die Frage nach ihrer Geschichtlichkeit beantworten? Das aber stellt uns vor das Problem, zwei ganz verschiedene Dinge auf einen Nenner zu bringen. Auf der einen Seite haben wir die sittlichen Lehren Jesu, die in ihrer Tiefe und in ihrer überzeugenden Nüchternheit von fast allen Leuten anerkannt werden. Sogar ausgesprochene Gegner des Christentums betonen oft, wenn ich mit ihnen diskutiere: »Ich habe gar nichts gegen die Ethik des Christentums.« Man scheint sich darüber einig zu sein, daß in den Lehren dieses Mannes und seiner Jünger moralische Wahrheit in reinster und höchster Vollkommenheit dargelegt ist. Da ist keine Spur von schwärmerischem Idealismus, sondern durch und durch Weisheit und Klugheit. Alles ist wirklichkeitsnah und taufrisch, wie es nur ein gesunder Menschenverstand hervorbringen kann. Das ist das Phänomen.

Dem gegenüber stehen aber die theologischen Aussagen dieses Mannes in ihrer kaum zu fassenden Ungeheuerlichkeit. Sie wissen alle, was ich meine, und ich möchte sehr betonen, daß Jesus nicht nur an einem Punkt seiner Karriere mit dieser für unser Gefühl unerhörten Anmaßung auftritt. Gewiß, da ist die eine Szene, die dann zu seiner Hinrichtung führte, als der Hohepriester ihn fragte: »Wer bist du?« – »Ich bin der Gesalbte, der Sohn des ewigen Gottes, und ihr werdet mich am Ende der Zeiten wiederkommen sehen als Richter der Welt.«[1] Aber dieser Anspruch bleibt wirklich nicht auf diesen einen dramatischen Augenblick beschränkt.

Wie ein roter Faden zieht er sich durch die ganzen Evangelien. So konnte Jesus beispielsweise zu jemandem sagen: »Ich vergebe dir deine Sünden.« Es ist ganz in Ordnung, wenn ein Mensch einem anderen ein Unrecht vergibt, das er *ihm* zugefügt hat. Wenn mich jemand um fünf Pfund betrogen hat, so ist es durchaus möglich und vernünftig, daß ich sage: »Nun gut, ich vergebe ihm; wir wollen nicht mehr darüber sprechen.« Aber wie in aller Welt würden Sie es finden, wenn jemand Sie um fünf Pfund betrogen hätte, und *ich* würde sagen: »Schon gut, ich vergebe ihm!«

Eine andere befremdliche Bemerkung scheint ihm fast zufällig über die Lippen zu kommen: Eines Tages sitzt dieser Mann auf einem Hügel und schaut auf Jerusalem hinab, und plötzlich läßt er die erstaunlichen Worte fallen: »Wie oft habe ich Propheten und Weise zu dir

[1] Z.B. Joh. 5,20ff.; Matth. 26,64.

gesandt!«[2] – und niemand entgegnete etwas darauf. Dabei hat er ganz beiläufig, als wäre das selbstverständlich, behauptet, *er* sei die Kraft, die durch die Jahrhunderte Weise und führende Männer in die Welt gesandt habe.

Oder nehmen wir eine andere seltsame Bemerkung: Fast alle Religionen kennen unbequeme Vorschriften; dazu gehört das Fasten. Eines Tages erklärt dieser Mann plötzlich: »Niemand muß fasten, solange ich da bin.«[3] Wer ist dieser Mensch, der behaupten kann, seine bloße Anwesenheit setze alle normalerweise gültigen Vorschriften außer Kraft? Wer ist der Mann, der plötzlich, einfach so, den Schulkindern sagen darf, heute sei schulfrei?

Manchmal geht er so weit zu behaupten, er, der Redende, sei völlig sünd- und fehlerlos, ja, das ist sogar seine Grundhaltung. »Ihr, zu denen ich spreche, seid allesamt Sünder!«[4] – Und niemals macht er auch nur die geringste Andeutung, daß man ihm das gleiche vorwerfen könnte.

Oder er erkühnt sich zu sagen: »Ich bin aus Gott gezeugt; ehe Abraham war, bin ich«[5] – und denken Sie daran, was die Worte »Ich bin« auf hebräisch bedeuteten. Das ist der Name Gottes, den bei Todesstrafe kein menschliches Wesen in den Mund nehmen durfte.

Das also ist das zweite Phänomen. Auf der einen Seite klar umrissene Maßstäbe moralischen Verhaltens; auf der anderen Seite Ansprüche, zu denen, falls sie nicht wahr sind, nur ein Größenwahnsinniger fähig ist; Hitler wäre daneben der vernünftigste und demütigste Mensch der Welt gewesen. Es gibt keine Übergänge vom Christentum

[2] Matth. 23,37.
[3] Luk. 5,34.
[4] Z.B. Joh. 8.
[5] Joh. 8,58.

zu anderen Religionen und nirgends eine Parallele zu ihm. Wenn Sie zu Buddha gegangen wären und ihn gefragt hätten: »Bist du der Sohn Brahmas?«, so hätte er geantwortet: »Mein Sohn, du lebst noch im Tal der Illusion.«

Wenn Sie zu Sokrates gegangen wären und ihn gefragt hätten: »Bist du Zeus?«, so hätte er sie ausgelacht.

Wenn Sie zu Mohammed gegangen wären und ihn gefragt hätten: »Bist du Allah?«, so hätte er zuerst seine Kleider zerissen und Ihnen dann den Kopf abgeschlagen.

Wenn Sie Konfuzius gefragt hätten: »Bist du der Himmel?«, so hätte er wahrscheinlich etwa geantwortet: »Bemerkungen, die nicht mit der Natur im Einklang stehen, sind geschmacklos.«

Keiner der großen Sittenlehrer der Welt hat sich je ähnliche Dinge angemaßt wie Jesus. Meiner Meinung nach kann nur Gott selbst solche Dinge sagen – oder ein schwer Geistesgestörter, dessen ganze Persönlichkeit von seinen Wahnvorstellungen zerrüttet ist. – Wenn Sie sich einbilden, Sie seien ein weichgekochtes Ei, weil Sie gerade nach einem Stück Toast suchen, das Ihnen zusagt, dann ist Ihnen vielleicht noch zu helfen. Aber wenn Sie sich einbilden, Sie seien Gott, dann sind Sie ein hoffnungsloser Fall.

Am Rande bemerkt: Jesus wurde nie als bloßer Moralapostel angesehen. Niemals hatten die Menschen, die ihm zu Lebzeiten begegneten, diesen Eindruck von ihm. Sein Auftreten erregte bei ihnen entweder Haß – oder Erschrecken – oder Bewunderung; mildes, neutrales Wohlwollen gab es nicht.

Wie sollen wir nun aber diese beiden widersprüchlichen Phänomene auf einen gemeinsamen Nenner bringen? Ein Versuch geht dahin, zu erklären, der Mann habe diese Dinge gar nicht wirklich gesagt. Erst seine Jünger hätten beim Erzählen die Geschichte übertrieben, und so sei die Legende entstanden, *er* habe so geredet. Aber das hat einen Haken, denn all seine Jünger waren Juden. Das heißt sie gehörten zu dem Volk, das wie kein anderes davon überzeugt war, daß es nur einen Gott gebe – daß es unmöglich einen zweiten geben könne. Es wäre schon merkwürdig, wenn einem religiösen Führer diese lästerliche Anmaßung ausgerechnet in dem einen Volk angedichtet worden wäre, das am allerwenigsten zu einem solchen Irrtum prädestiniert war. Vielmehr bekommen wir den Eindruck, daß es keinem seiner unmittelbaren Jünger leicht fiel, Jesu Aussagen anzunehmen, und ebensowenig den Schreibern des Neuen Testaments.

Noch aus einem anderen Grund scheint es mir unhaltbar, die Berichte über diesen Mann für Legenden zu erklären. Als Literaturhistoriker bin ich restlos davon überzeugt, daß die Evangelien keine Legenden sind – was immer sie auch sonst sein mögen. Ich habe sehr viel Legenden gelesen, und es ist für mich eindeutig, daß die Jesusgeschichten nicht in diese Gattung passen. Sie sind nicht kunstvoll genug, um Legenden zu sein. In der Darstellung ihrer Inhalte sind sie unbeholfen, sie arbeiten die Dinge nicht sauber heraus. Der größte Teil des Lebens Jesu bleibt uns genauso unbekannt wie das Leben irgendeines seiner Zeitgenossen. Kein Volk, das einen seiner Helden zum legendären Heiligen erheben wollte, würde so etwas zulassen. Auch kenne ich, außer einigen Teilen aus den platonischen Dialogen, in der Literatur des Altertums keinerlei Gespräche, wie sie etwa im Johannesevangelium vorkommen. Bis fast in unsere Zeit gab es so etwas einfach nicht. Erst vor etwa hundert Jahren, mit dem Aufkommen des realistischen Romans, fand das Gespräch Eingang in die Literatur.

Und noch ein anderer Aspekt: In der Geschichte von der Ehebrecherin[6] wird uns erzählt, Jesus habe sich gebückt und mit dem Finger etwas in den Staub gekritzelt. Dieser Hinweis bringt nichts ein. Niemand hat je irgendeine Lehre darauf gegründet. Aber solch kleine, unbedeutende Details zur glaubhafteren Darstellung einer erdichteten Geschichte nur zu *erfinden* – das wäre ein ganz moderner Kunstgriff. Ist nicht die einzige Erklärung für diese Schilderung die, daß es sich wirklich zugetragen hat? Der Schreiber erzählte es, einfach weil er es gesehen hatte.

Schließlich kommen wir zum seltsamsten aller Berichte, zum Auferstehungsbericht. Mit dieser Geschichte müssen wir unbedingt ins reine kommen. Ich hörte einmal den Ausspruch: »Die Auferstehung beweist, daß es ein Leben nach dem Tode gibt, darum ist sie so wichtig. Sie beweist, daß die Persönlichkeit des Menschen den Tod überdauert.« Nach diesem Verständnis wäre an Christus nichts anderes geschehen, als was im Tod schon immer an jedem Menschen geschah. Das Besondere wäre einzig, daß es bei Christus sichtbar wurde.

Diese Deutung entspricht aber bestimmt nicht der Auffassung der frühesten christlichen Schreiber. Nach ihrem Verständnis hatte sich etwas völlig Neues, in der ganzen Geschichte noch nie Dagewesenes ereignet. Christus hatte den Tod besiegt. Ein Tor war aufgesprengt worden, zum allerersten Mal, ein Tor, das seit Urzeiten

[6] Joh. 8,3-11.

verschlossen und verriegelt gewesen war. Da geht es um etwas ganz anderes als um ein rein geistiges Weiterleben. Ich meine nicht, daß sie an eine Unsterblichkeit des Geistes nicht schon immer geglaubt hatten. Im Gegenteil, sie glaubten so fest daran, daß Christus ihnen mehr als einmal versichern mußte, er sei *kein* Geist. Das ist ja gerade das Bemerkenswerte: Obwohl sie an ein Weiterleben nach dem Tode glaubten, war die Auferstehung für sie etwas völlig anderes, etwas ganz und gar Neues. Die Auferstehungsberichte sind nicht ein Bild für das Weiterleben nach dem Tode; sie bezeugen, daß eine absolute neue Existenzform in dieser Welt begonnen hat. Etwas Neues ist in die Welt gekommen, so umwälzend neu wie einst das erste organische Lebewesen bei seiner Entstehung. Dieser Mensch wird nach dem Tode nicht in »Geist« und »Körper« geschieden. Er ist zu einer neuen Art des Seins erstanden. Das sagt die Geschichte. Was aber fangen *wir* damit an?

Mir scheint es fraglich, ob irgendeine Hypothese sich mit den Tatsachen so gut deckt wie die christliche. Diese »Hypothese« sagt: Gott ist in seine Schöpfung hinabgekommen, hinab zur Menschheit – und ist wieder aufgestiegen, wobei er seine Schöpfung mit sich emporgezogen hat. Die Alternative zu dieser Hypothese liegt nicht in Erklärungen wie: »Es sind Legenden oder Übertreibungen oder Geistererscheinungen.«

Die Alternative heißt: Größenwahn, Lüge. Und wenn man diese Alternative nicht annehmen kann (und ich kann es nicht), so bleibt nur die christliche Hypothese.

»Was sollen wir mit Jesus Christus anfangen?« Es ist doch wirklich nicht die Frage, was wir mit *ihm* anfangen sollen, sondern es geht einzig darum, was *er* mit uns anfangen möchte. Sie können zwar das, was von ihm überliefert ist, annehmen oder zurückweisen. Was *er* aber sagt, ist grundlegend anders als alles, was je ein anderer Lehrer gesagt hat. Alle anderen sagen: »Das ist die Wahrheit über die Welt. Das ist der Weg, den man gehen sollte.«

Jesus aber sagt: »Ich bin die Wahrheit. Ich bin der Weg und das Leben.« Er sagt: »Niemand kann wirkliches Leben erlangen außer durch mich. Versuche, dein Leben zu bewahren, und du wirst unwiderruflich zugrunde gehen; verschwende dich selbst an andere, und du wirst gerettet werden.«

Er sagt: »Wenn du dich meiner schämst – wenn du mich rufen hörst und auf die andere Seite schaust, dann werde auch ich von dir wegschauen, wenn ich vor aller Augen in Gottes Herrlichkeit wiederkomme. Wenn irgend etwas dich von Gott und mir trennt, so wirf es weg, was immer es auch sei. Wenn es dein Auge ist, reiß es aus; wenn es deine Hand ist, hau sie ab. Wenn du dich selbst an den ersten Platz stellst, so wirst du einmal der Letzte sein. Wer eine schwere Last zu tragen hat, der soll zu mir kommen, ich will ihm Ruhe schenken. Eure Sünden sind ausgelöscht, und wenn es noch so viele wären, ich kann das tun. Ich bin Wieder-Geburt. Ich bin Leben. Eßt mich, trinkt mich, ich bin eure Nahrung.«

Und schließlich: »Habt keine Angst, denn ich habe die ganze Welt überwunden.« – Darum geht's!

Malcolm Muggeridge
CHRISTUS ODER NICHTS

Kürzlich habe ich mich im Auftrage der BBC, wie Sie vielleicht gehört haben, mit der Herstellung einiger Filme über das Neue Testament befaßt. Zu meinen Aufgaben gehörte u. a. auch, daß ich jenen Berg aufsuchte, den wir als den *Berg der Seligpreisungen* kennen und der diesem Anspruch, im Gegensatz zu den meisten sogenannten »heiligen Stätten«, wahrscheinlich auch gerecht wird; dort wurde vor etwa zweitausend Jahren die bedeutendste aller Predigten gehalten.

Es war ein merkwürdiges Gefühl, da oben zu stehen, auf den See Genezareth hinabzublicken und dabei zu versuchen, das ganze Geschehen zu rekonstruieren: den unbekannten Lehrer und die kleine, schwer klassifizierbare Schar größtenteils ungebildeter Menschen, die sich um ihn versammelt hatte. Die Anfänge der christlichen Religion – das sollten wir nie vergessen – gehen nicht auf kluge, akademisch gebildete Menschen, nicht auf reiche, mächtige, berühmte, nicht auf aufregend schöne oder faszinierende Menschen zurück, nicht auf bekannte Fernsehgrößen oder Leitartikler, sondern vielmehr auf ganz einfache, ja unwissende Menschen. Dessen wurde ich mir dort oben ganz stark bewußt.

Und dann jene Worte! Jene unvergleichlichen Worte, die viele Jahrhunderte lang widerhallten und nachgesprochen wurden in der ganzen Welt, die selbst jetzt noch nicht ganz verlorengegangen sind! Daß die Sanftmütigen, nicht die Anmaßenden, das Erdreich besitzen werden; daß wir unsere Feinde lieben und Gutes denen tun sollen, die uns hassen; daß die Armen selig sind, nicht die Reichen, und so fort – Worte, die uns allen zu schaffen machen, auch wenn wir sie ignorieren; die erhabendsten Worte, die je gesprochen wurden.

Eine Seligpreisung, die mich aus irgendeinem Grunde nie zuvor beeindruckt hatte, blieb diesmal ganz besonders bei mir haften, und zwar bis auf den heutigen Tag: »Selig sind, die reinen Herzens sind; denn sie werden Gott schauen.«

Vielleicht darf ich Ihnen diese Seligpreisung im Zusammenhang mit unsrer derzeitigen Kontroverse und Mißstimmung ganz besonders ans Herz legen, damit wir erkennen, daß es kein höheres Streben als das der Menschen nach Gott gibt, wie dies die größten Geister aller Zeiten erkannt haben. Gottes Wege begreifen lernen, seinem Geheimnis in allen Dingen auf die Spur kommen – das ist oder sollte zumindest das eigentliche Anliegen von Universitäten wie dieser sein, das eigentliche Anliegen ihrer Studenten und Mitarbeiter. Vergessen wir nicht, daß dieser Suche nicht durch große und gute Taten Erfolg beschieden sein wird, nicht einmal durch erhabene und erleuchtete Gedanken und ganz gewiß nicht durch noch so große Sensationen oder noch so glänzende Erfolge. Die Worte Jesu besagen ganz eindeutig: »Selig sind, die reinen Herzens sind; denn sie werden Gott schauen.«

Um die makabre Komödie, das unwürdige Schauspiel der menschlichen Verwirrung und Unzulänglichkeit, von dem ich gesprochen habe, zu vervollständigen, werden geradezu *idiotische* Stimmen laut, die uns ein Neues Jerusalem gleich um die Ecke prophezeien. Ich finde, man unterschätzt immer wieder die Ausdauer der menschlichen Torheit. Als der arme alte H. G. Wells den letzten Atemzug getan hatte, nachdem er in seiner Schrift »Der Geist am Ende seiner Möglichkeiten« endgültig alles verworfen hatte, was er jemals gesagt oder gedacht hatte, hoffte ich zuversichtlich, daß ich zu meinen Lebzeiten wohl niemals mehr von Menschen hören würde, die »wie Götter« seien. Wie sehr hatte ich mich geirrt! Ein Vierteljahrhundert später sollte der Leiter des King's College in Cambridge letzteren Gedanken noch maßlos auf den Gipfel der Phantasie treiben. Zweifellos wird, wenn ich schon längst nicht mehr bin, jemand in einer so unverwüstlichen Sendung wie »Any Questions?« (Irgendwelche Fragen?) verkünden, daß etwas mehr Abtreibung sowie ein weiteres Schuljahr beschlossen seien und daß die Antibabypille nunmehr mit der kostenlosen Morgenmilch zusammen verabfolgt werde, und dann – wird alles in Ordnung sein.

Was sollen wir mit der verrückten Geschichte von der Schweineherde, die sich den Abhang hinabstürzte, anfangen? Ich bin noch nie einem Menschen begegnet, den Geld, irdische Erfolge oder sinnliche Genüsse – ganz zu schweigen von der Betäubung, die man sich mittels Drogen oder Alkohol verschafft – glücklich gemacht hätten; dennoch jagen wir alle in der einen oder anderen Form diesen Zielen nach. Die Werbefachleute wissen das, und sie bieten sie uns in Form von Freizeit-Utensilien, Farbfernsehern, Stereoanlagen usw. laufend an und finden viele gläubige Abnehmer.

Ähnliches bieten uns auch die Politiker an, wobei sie sich oftmals auf ein unbeschreiblich willfähriges Gefolge von Akademikern und Klerikern stützen. Unterschwellig wissen wir genau, daß das alles in zunehmendem Maße hohl ist und hohler wird und keineswegs überzeugt: das Gerede von der großen Völkergemeinschaft, vom Mündigwerden der Menschheit, vom Menschen, der wie Gott ist – all diese scheinheiligen Utopien auf der *Flucht vor Gott*.

Dahin gehören auch die schieren Absurditäten der Burroughs und Becketts, die auf unseren Gräbern tanzenden Beatles sowie Allan Ginsberg mit seinem Handharmonium und jener ergötzliche alte Hindu-Mitmensch, der Maharishi, der seinen Segen dazwischenschleudert. Den kommunistischen Utopismus verdanken wir Josef W. Stalin, die Jagd nach dem Glück amerikanischen Stils Ronald Reagan und den britischen Wohlfahrtsstaat der Labour Party; wenn das nicht alle drei entlarvt, vermag nichts es. Was die wissenschaftlichen Utopien angeht, die sich drohend vor uns auftun, so haben wir auch davon einen Begriff bekommen: durch die Brutkammern und Tierfabriken und neuerdings noch durch die Organverpflanzungen, bei denen noch warmen Körpern Organe entnommen werden, mit denen andere zusammengeflickt werden – und so fort ad infinitum.

Lassen Sie mich auf den Ausgangspunkt zurückkommen: auf jenen anderen König, auf *Jesus,* und auf die christliche Vorstellung, daß alle menschlichen Bemühungen, den einzelnen oder die Gesamtheit der Menschen im irdischen Sinne glücklich zu machen, dazu verurteilt sind, fehlzuschlagen. Der Mensch muß tatsächlich, wie Christus sagte, wiedergeboren werden, um ein neuer Mensch zu werden; sonst ist er nichts. Das ist zumindest der Schluß, den *ich* gezogen habe, nachdem es mir nicht gelungen ist, aufgrund meiner Erfahrungen in der Vergangenheit sowie angesichts unseres Gegenwartsdilemmas und unserer Zukunftserwartungen einen anderen Alternativvorschlag zu finden. Für mich persönlich heißt die *Alternative:* Christus oder aber nichts.

Als eine Art komischen Trostes – Sie wissen, daß ich als ehemaliger Herausgeber der humorig-satirischen Zeitschrift »Punch« nicht umhinkam, selbst in der schauerlichsten Situation nach etwas Komischem Ausschau zu halten – möchte ich ergänzend noch erwähnen, daß das, was ich soeben gesagt habe, für die meisten Menschen, die dem gegenwärtigen kirchlichen Establishment angehören, weitaus abstoßender ist als jedes Bekenntnis zum Unglauben oder zum Skeptizismus.

In zunehmendem Maße wird mir klar, daß unsere menschlichen Gegebenheiten eine Fessel sind und eine dunkle Zelle. Irdische Hoffnungen und Wünsche sind unsere Ketten; unser Ich ist das Verlies, in dessen Finsternis und Enge wir eingesperrt sind. Christus hat gelehrt, daß wir diesem entfliehen können, indem wir die Ketten unserer Wünsche abstreifen und die dunkle Zelle mit einem Fenster versehen, durch das wir einen freudvollen Ausblick erhalten auf die Gefilde der Ewigkeit und den Glanz der allumfassenden *Liebe Gottes.* Keine Lebensanschauung (darüber bin ich mir durchaus im klaren) könnte der heute vor allem von den Massenmedien propagierten Auffassung, daß der Mensch vom Brot allein leben kann – je mehr davon er besitze, desto besser sei es –, so diametral entgegengesetzt sein wie die, die zu predigen Jesus in die Welt gekommen ist. Nichtsdestoweniger bin ich, mehr noch als von meiner eigenen Existenz, davon überzeugt, daß die Lebensweise, die zu lehren Christus in die Welt gekommen und die zu rechtfertigen er gestorben ist, so wahr und gültig bleibt wie eh und je, ebenso davon, daß alle, die sich darum bemühen – ob jung oder alt, gesund oder krank, klug oder töricht, mit oder ohne akademischen Grad –, aus ihr leben können, weil ihnen hier, wie nirgendwo sonst inmitten des Durcheinanders unserer gequälten Welt, in allen Lebenslagen und jederzeit Erleuchtung und heitere Gelassenheit angeboten werden. Auch wenn unsere Zivilisation – was keineswegs ausgeschlossen ist – in Kürze, wie andere Kulturen vor ihr, vergehen sollte und mit ihr das institutionalisierte Christentum –: Das Licht, das Christus verbreitet, wird allen, die der Finsternis zu entgehen versuchen, auch weiterhin ebenso hell scheinen wie eh und je; die Wahrheiten, die er ausgesprochen hat, werden sie aus ihrem Dilemma und von ihren Ängsten befreien. Seine Worte werden denen, die ohne Hoffnung sind, weiterhin Hoffnung machen, den Verzweifelten Freude und denen, die ohne Liebe sind, Liebe bringen, genau wie vor zweitausend Jahren und wie in all den dazwischenliegenden Jahrhunderten.

Ich beendete meine Filmarbeiten im *Heiligen Lande* damit, daß ich mit einem Freund die Straße nach Emmaus ging. Wer von Ihnen noch in der Bibel liest, wird sich an die Einzelheiten erinnern; wie kurz nach Jesu Kreuzestod Kleopas, wohl ein Verwandter der Familie Jesu, zusammen mit einem Freund von Jerusalem nach

Emmaus geht und wie sie sich dabei verständlicherweise über die Kreuzigung Jesu unterhalten, die kurz zuvor erfolgt ist. Zu ihnen gesellt sich unterwegs ein Dritter, der mit ihnen Schritt hält und sich an ihrer Unterhaltung beteiligt. Da es spät ist, als die Männer ihr Ziel in Emmaus erreichen, nötigen sie diesen, mitzukommen und mit ihnen zu Abend zu essen. (Der Bericht ist so unglaublich anschaulich, daß ich schwören kann: Niemand, der je zu schreiben versucht hat, kann seine Authentizität bezweifeln; die ganze Ausdrucksweise atmet Wahrheit.) Die Männer fangen also an zu essen, und da, als der Fremde das Brot bricht und dankt, wird ihnen klar, daß er kein Fremdling, sondern ihr Heiland ist.

Auch mein Freund und ich riefen uns, wie Kleopas und sein Gefährte, unterwegs die Vorgänge bei der Kreuzigung und die Folgen dieses Ereignisses – aus der Sicht freilich unserer so völlig anderen und doch so ähnlichen Welt heute – ins Gedächtnis zurück. Es war keine Einbildung, daß auch uns sich ein *Dritter* zugesellte, dessen Gegenwart wir deutlich spürten. Und ich sage Ihnen –: Wohin unser Weg auch führt, wer immer die Wanderer sein mögen, stets ist dieser Dritte gegenwärtig, bereit, aus dem Dämmer hervorzutreten und uns auf dem staubigen, steinigen Wege zu begleiten.

Dorothy L. Sayers
DER TRIUMPH VON OSTERN

»O felix culpa!« soll Augustin von Hippo im Blick auf die Sünde Adams – ziemlich kühn! – gesagt haben. »O selige Schuld, die uns einen solchen und so mächtigen Erlöser verschaffte!«[1]

Es ist schwer vorstellbar, wie ein Wort sich selber dem Mißverständnis noch mehr preisgeben sollte als dieses. Es gehört zu der Art von Paradoxa, welche Bischöfe und Pfarrer auf der Kanzel doch ja nicht äußern sollten! Immerhin: der Bischof von Hippo war doch ein recht beachtlicher Bischof und hatte einen Mut der Überzeugung, der bei hochgestellten kirchlichen Persönlichkeiten nicht allzu häufig ist.

Wenn geistliche Hirten sich davor fürchten, irgend etwas zu sagen, was jemals, unter irgendeiner Eventualität, von irgend jemandem mißverstanden werden könnte, dann könnte es leicht geschehen – wie es denn auch manchmal der Fall ist –, daß sie dabei endigen, nichts mehr zu sagen, was des Anhörens wert ist. Beiläufig: Eben diese besondere Sorte von Ängstlichkeiten ist wohl die Gewohnheitssünde des »guten Kirchenmannes«. Nicht daß die Kirche sie billigte! Sie kennt sie vielmehr als einen Teil der großen, sich räkelnden, schläfrigen, tödlichen Sünde der Faulheit, einer Sünde, von der die

[1] Die angeführten (Augustin doch wohl nur zugeschriebenen) Worte stehen in dem Hymnus »Exsultet« der Karsamstagsliturgie des römischen Meßbuches [Anmerkung von K. Barth].

Prediger der Steckenpferde, der Schismen und Häresien, die Prediger des Antichrist löblicherweise frei zu sein pflegen.

Die Kinder dieser Welt sind ja nicht nur (wie Christus so scharf bemerkte) klüger in ihrem Geschlecht als die Kinder des Lichts.[2] Sie sind auch energischer, anregender und kühner. Es ist nun freilich immer lustiger, anzugreifen als zu verteidigen. Die Christen sollten es aber heute – wo sie sehen können, wie das Himmelreich Gewalt leidet und die Mächtigen ihm Gewalt antun[3] – gelernt haben, daß der Angriff auch die beste Verteidigung ist. Augustin sah, wie das ewige Problem von Sünde und Übel aufgeworfen und wie eine Batterie der christlichen Position entgegengestellt wurde. Als guter Stratege sprang er prompt nach vorne und verschloß ihre Rohre – mit einer Danksagung.

Das Problem der Sünde und des Bösen ist bekanntlich eine Frage, mit der alle Religionen zu ringen haben, ganz besonders aber die, die einen allguten und allmächtigen Gott bekennen. Wir sagen so rasch: »Wenn Gott heilig und allmächtig ist, so muß er einschreiten und dieser ganzen Art von Dingen ein Ende machen.« Und unter »dieser Art von Dingen« verstehen wir: Kriege, Verfolgungen, Grausamkeiten, Hitlerismus, Bolschewismus oder was immer der große Ausbruch sein mag, der uns zur Zeit gerade besonders bedrängt. Aber sind wir denn so sicher, daß wir das Problem dabei unter allen seinen Aspekten wirklich gesehen haben?

Die Frage: »Warum schlägt Gott diese Diktatoren nicht tot?« ist doch eigentlich eine etwaige fernliegende Frage. Warum, meine Dame, hat er Sie nicht mit Stummheit und

[2] Luk. 16,8.
[3] Matth. 11,12.

Blödheit bestraft, bevor Sie vorgestern jene unbegründete und ungütige Verleumdung in die Welt setzten? Oder mich, bevor ich mich meinem wohlmeinenden Freund gegenüber so peinlich rücksichtslos benehmen konnte? Und warum, mein Herr, ließ er Ihre Hand nicht über dem Gelenk abfaulen, bevor Sie Ihren Namen zu jenem schmutzigen kleinen finanziellen Betrug hergaben?

So war es nicht gemeint, sagen Sie? Aber warum eigentlich nicht? Sind etwa Ihre Missetaten und die meinigen darum weniger häßlich, weil unsere Möglichkeiten, Schaden anzurichten, weniger ins Auge fallen als die gewisser anderer Leute? Oder wollen Sie behaupten, daß Ihre Taten und die meinigen Gott zu unbedeutend sind, als daß er sich damit plagen wollte? Das könnte eine zweischneidige Sache sein, denn in diesem Fall dürfte es für seine Schöpfung wunderbar wenig ausmachen, wenn er uns beide morgen auslöschte.

Nun, vielleicht meinten wir es tatsächlich anders. Wir meinten: Warum schuf Gott das Weltall überhaupt so, daß wir Raum bekamen, Böses zu tun? Warum ließ er uns nicht lieber Drahtpuppen werden ohne die Fähigkeit zu etwas anderem als zu der Erfüllung dessen, was nach seinem eigenen Plan vollkommen ist? Nun, es gibt Richtungen, nach deren Lehre wir solche Drahtpuppen tatsächlich wären, so daß alles, war wir tun (eingeschlossen die Judenhetze in Deutschland und unsere eigene üble Unhöflichkeit gegen Tante Elise!), streng vorherbestimmt wäre, ohne daß wir uns, ob Gottes Plan gefällt oder nicht, für oder gegen ihn entscheiden könnten. Man hält dies für eine Theorie, die uns von den Fesseln des Aberglaubens befreie. Daß sie uns von allem Verantwortlichkeitsbewußtsein befreit, ist sicher. Nur daß sie uns leider mit einer neuen Sorte von Fesseln belastet! Und wie eifrig wir an sie glauben mögen – es scheint doch notwendig zu sein, uns so zu verhalten, als ob wir gerade nicht an sie glaubten!

Ja – so erstaunlich sich das anhören mag! –, die Christen sind nicht die einzigen Leute, die es an dem ihrem Glaubensbekenntnis entsprechenden Leben fehlen lassen. Welcher deterministische Philosoph wird sich nicht wie jeder Christ über den freien Willen seiner Köchin aufhalten, wenn er den Schinkenspeck bei seinem Frühstück ungenießbar findet! Sicher soll nun auch der Protest des Philosophen und sein Schinkenspeck dazu determiniert sein! Aber eben das ist ja das Törichte an der Sache. Konstruierten wir Philosophen, so gehört doch gerade und zuerst auch unser eigener Geist zu dem Material, mit dem wir arbeiten müssen. Und nun sollten wir gerade die Freiheit leugnen, in der unser eigener Geist sich für eine Theorie der Unfreiheit entscheiden kann! Was für ein unlogisches Bekenntnis, zu dessen Beweis wir gerade das naheliegendste (und offenbar widersprechendste!) Beweismaterial ausscheiden müssen!

Die Kirche jedenfalls lehrt, daß der menschliche Wille frei ist und daß das Übel der Preis ist, den wir für die Erkenntnis, die wir Selbstbewußtsein nennen – zu bezahlen haben. Daraus folgt, daß wir uns durch Gottes Gnade hinsichtlich jenes Planes sehr wohl entscheiden können. Oder vielmehr: Nach der Lehre der Kirche entscheidet hier Gott selbst: mit uns, wenn wir es so wollen – gegen uns, wenn wir uns ihm verweigern, aber auf alle Fälle in steter Ausführung seines Planes.

Wir stoßen hier auf die letzte Frage, welche noch keine Theologie, Philosophie oder Weltanschauung je völlig zu beantworten vermocht hat: Warum wollte Gott – wenn es einen Gott gibt – überhaupt jemals irgend etwas unter irgendwelchen Bedingungen erschaffen? Das ist ein wirkliches Geheimnis und unter allen vielleicht das einzige wirklich unauflösliche Geheimnis. Der einzige, der hier vielleicht wenigstens so etwas wie einen Ausblick auf eine Antwort zu geben vermöchte, ist der schöpferische Künstler, und gerade er wird der letzte von allen sein, der auch nur diese Frage aufwerfen wird, weil gerade er geneigt sein wird, alle schöpferische Tätigkeit für ihre eigene ausreichende Rechtfertigung zu halten.

Wir gestehen aber vielleicht alle zu, daß es leichter ist zu glauben, das Weltall sei sinnvoll, als es sei ohne Sinn in die Existenz getreten. Die Kirche bekennt einen Geist, der das Weltall schuf, und sie bekennt, daß er dies darum tat, weil er der Geist ist, der sich an seiner Schöpfung freuen will, und daß wir, wenn wir nach diesem schöpferischen Geist fragen, auf Christus blicken müssen. In ihm dürfen wir den Geist finden, der seine eigene Schöpfung so vollkommen liebt, daß er selbst ein Teil von ihr wird, daß er mit ihr und für sie leidet, sie teilnehmen läßt an seiner eigenen Herrlichkeit und sie zu seinem Werkgenossen erhebt an der Erfüllung der Bestimmung, die er ihr zuweist.

Dies ist die kühne Voraussetzung, zu deren Annahme die Kirche uns verpflichten will unter Hinzufügung der Erklärung, daß sie uns als Antwort auf alle unsere anderen Fragen in dem Augenblick einsichtig werde, in dem wir diese These bejahen: wie ja die Bejahung irgendeiner Grundthese die Voraussetzung jedes Lehrzusammenhangs ist.

Bejahen wir diese Grundthese und blicken wir dabei auf Christus – was erkennen wir dann als Gottes Entscheidung in Sachen der Sünde und des Übels? Und was ist die Entscheidung, die Gott dabei von uns erwartet? Die Antwort der Kirche läßt an Klarheit nichts zu wünschen übrig: Wir finden Gott beständig am Werk, gerade aus dem Bösen Gutes zu machen. Und das in der Regel nicht etwa in Form von sachlich belanglosen Wundern und theatralisch wirkenden Gerichten! Christus hat die, die Zeichen oder himmlische Erleuchtung von ihm verlangten, selten genug ermuntert. Und Gott ist zu fein, er ist ein zu haushälterischer Handwerker, um von solchen Methoden großen Gebrauch zu machen. Er nimmt aber unsere Sünden und Irrtümer auf sich selber und verwandelt sie in seine Siege. Er tat das, als er das Verbrechen der Kreuzigung zur Errettung der Welt machte. »O felix culpa!« rief Augustin, als er auf dieses Werk blickte.

Hier könnte es nun freilich Mißverständnisse geben. Gott bedarf unserer Sünde nicht. Er läßt uns auch nicht sündigen in der Absicht, seine Macht und Herrlichkeit zu demonstrieren. Seine Macht ist nicht von jener üblen Art, die es nötig hat, sich ihrer selbst durch Demonstrationen zu versichern. Erst recht ist es nicht etwa wünschenswert, daß wir Übel schaffen, um dann den Spaß zu haben, zu sehen, wie Gott den Schaden wiedergutmacht. Noch können wir uns einbilden, das Übel habe nichts zu bedeuten, weil Gott ja endlich und zuletzt alles zurechtbringen werde.

Was die Kirche in dieser Sache vertritt, ist also kein billiger Optimismus und noch weniger der Ratschlag, Böses zu tun, damit Gutes daraus werde. Vereinfachungen von dieser Art sind so irreführend und gefährlich wie allzu große Kompliziertheiten. Es ist zum Beispiel gewiß überraschend und auch einleuchtend, von einem Arzt, dem man zu einem wunderbaren Heilerfolg gratulierte, zu hören: »Diese Operation hätten wir ohne die im Krieg gewonnenen Erfahrungen nicht fertiggebracht!«

Hier folgt zwar offensichtlich Gutes aus Bösem. Aber selbst wenn die Zahl der Leidenden, denen so geholfen werden konnte, größer wäre als die all derer, die im Krieg zu leiden hatten – wie sollte das die Schmerzen dieser Opfer oder auch nur eines einzigen dieser Opfer beseitigen können? Und wie die Schuld derer, die den Krieg möglich machten? Nein, sagt die Kirche, so geht es nicht. Sollte etwa ein Künstler entdeckt haben und sagen, daß gerade die Erfahrung, die er in seinem schlimmsten Sündenfall gemacht habe, ihn instand setzte, sein bestes Werk zu schaffen, so gibt ihm das durchaus kein Recht, um seiner Kunst willen wie ein Tier zu leben. Nein, sagt die Kirche, so geht es nicht. Wir können uns zwar benehmen so schlecht, wie es uns paßt: wir können aber den Folgen nicht entrinnen. Nach dem spanischen Sprichwort: »Nimm dir, was du magst, sagt Gott, nimm dir's – und zahl dafür!«

Und wenn nun ein anderer für uns hingeht und vollständig, freiwillig und freigebig für uns bezahlt, so ist doch die Schuld immer noch unsere Schuld. »Des Menschen Sohn geht zwar dahin, wie von ihm geschrieben steht, aber wehe dem, durch den des Menschen Sohn verraten wird! Es wäre diesem Menschen besser, nie geboren zu sein.«[4]

Als Judas sündigte, da bezahlte Jesus. Er verwandelte das Böse in das Gute. Er führte einen Triumphzug heraus

[4] Matth. 26,24.

aus den Pforten der Hölle. Er brachte die ganze Menschheit von dort heraus mit sich selber. Aber sein Leiden als solches und des Judas Sünde als solche bleiben Wirklichkeit. Gott beseitigte die Tatsache des Bösen nicht; er verwandelte sie. Er hielt die Kreuzigung nicht auf, er auferstand von den Toten.

»Als aber Judas, der ihn verraten hatte, sah, daß er verurteilt wurde ... warf er die Silberlinge in den Tempel und ging weg und erhängte sich selbst.«[5] Und damit beging Judas den endgültigen, den verhängnisvollen, den eigentlich jämmerlichsten Irrtum aller Irrtümer. Denn er verzweifelte an Gott und an sich selbst. Er wartete nicht auf die Auferstehung. Hätte er das getan, dann wäre es auch für ihn zu einer Begegnung und Gelegenheit gekommen, die es ihm erlaubt hätte, auf solchen betrügerischen Bankrott zu verzichten. Unseligerweise tat er das nicht. Und so bekam er jedenfalls in dieser Welt den auch an ihm, durch ihn und ihm zum Trotz erfüllten Triumph Christi nicht zu sehen. Er sah wohl den schrecklichen Preis, den Christus bezahlte. Er sah aber nicht den Sieg, der um diesen Preis errungen wurde.

Wir alle sind, wenn unser Verhalten erschreckende Folgen hat, schnell bereit, auszubrechen und wohl auch uns selbst aufzuhängen. Manchmal machen wir es in solcher Lage auch noch schlimmer und beweisen eine deutliche Lust, hinzugehen und – andere Leute aufzuhängen. Judas hat doch wenigstens niemand als sich selbst angeklagt, und Petrus, der seinerseits einen kleineren Verrat zu beweinen hatte, bereute ihn und wartete auf das, was nun kommen sollte. Danach aber kam für Petrus und die anderen Jünger die plötzliche Gewißheit,

[5] Matth. 27,3.5.

wer Gott ist, und damit die Antwort auf alle Rätsel. Da Christus das Böse und das Leiden auf sich selbst nehmen und Gutes daraus machen konnte, war offenbar alles Vorangehende der Mühe wert gewesen. Es verband sich der Triumph des Ostertages mit jenem seltsamen, jubelnden Gebet vom Gründonnerstag,[6] das durch die Ereignisse des Karfreitags so rätselhaft geworden war.

Was freilich die Rolle der Jünger in diesem Drama betrifft, so ist nichts daran zu ändern, daß sie töricht, feig, ungläubig und in vieler Hinsicht eigentümlich hilflos waren. Sie erlaubten aber keiner krankhaften und selbstsüchtigen Reue, sie von freudigen Taten für die Zukunft abzuhalten. Jetzt konnten sie ausgehen und »etwas tun« in Sachen der Sünde und des Leides. Sie hatten gesehen, wie die starken Hände Gottes aus der Dornenkrone die Ehrenkrone flochten, und in diesen starken Händen wußten sie sich selber in Sicherheit. Sie hatten praktisch jedes Wort mißverstanden, das Christus je zu ihnen gesagt hatte. Aber darauf kam es jetzt nicht an. Die Sache war endlich und zuletzt sinnvoll, und ihr Sinn war höher als alles, was sie je geträumt hatten. Sie hatten einen kleinen, leichten Sieg erwartet, und sie sahen Gottes Sieg. Sie hatten einen irdischen Messias erwartet und sahen den Bringer des ewigen Lebens. Ihnen war aus alter Zeit gesagt: »Kein Mensch soll mein Angesicht sehen und leben.«[7]

Für sie aber hatte sich ein Weg dazu gefunden. Sie hatten das Angesicht des lebendigen Gottes gesehen: ihnen zugewendet – und es war das Angesicht eines leidenden und jauchzenden Menschen.

[6] Luk. 22,32.
[7] 2. Mose 33,20.

Quellenangaben

Die Essays von C.S. Lewis: *Mensch oder Kaninchen* sowie *Was sollen wir mit Christus anfangen* stammen aus dem Buch C.S. Lewis: Gott auf der Anklagebank, Brunnen Verlag Basel und Gießen 1981.

Das Essay *Die widerspenstigen Zinnsoldaten* stammt aus dem Buch von C.S. Lewis: Pardon, ich bin Christ, Brunnen Verlag Basel und Gießen, 11. Taschenbuch-Auflage 1995.

Die Essays von Malcolm Muggeridge stammen aus dem Buch: Malcolm Muggeridge: Gott ist mir auf den Fersen, Aussaat Verlag, Neukirchen-Vluyn.

Die Essays von Dorothy L. Sayers stammen aus dem Buch: Dorothy L. Sayers: Das größte Drama aller Zeiten, 1959 by Theologischer Verlag Zürich.

Abdruck mit freundlicher Genehmigung der Verlage.

Perry C. Bramlett
C.S. LEWIS
LEBEN AUS DER MITTE

120 Seiten. Fester Einband
Bestell-Nr. 3-7655-1619-8

C.S. Lewis ist vielleicht der meistgelesene christliche Autor unserer Zeit. US-Präsident Bill Clinton bezeichnete ihn als »den großen christlichen Denker des 20. Jahrhunderts«.

Wer bisher noch keinen Zugang zu C.S. Lewis gefunden hat, dem wird spätestens in diesem Buch jener intellektuelle, scharfzüngige und doch bescheidene und bodenständige C.S. Lewis begegnen, dem als Menschenfreund vor allem daran gelegen war, andere auf Jesus Christus hinzuweisen. Das Buch gibt Lewis-Kennern darüber hinaus Aufschluß darüber, wie Lewis persönlich das zu leben versuchte, was er für das Christentum als Kernstück betrachtete und anderen empfahl.

BRUNNEN VERLAG GIESSEN